Brigitte Bantle · Ernst Kirsammer

TRAINING
Aufsatz

Für einen erfolgreichen Hauptschulabschluß

Beilage: Lösungsheft

Ernst Klett Verlag

CIP-Titelaufnahme der Deutschen Bibliothek

Bantle, Brigitte:
Training Aufsatz – für einen erfolgreichen Hauptschulabschluß /
Brigitte Bantle; Ernst Kirsammer. –
2. Aufl. – Stuttgart: Klett, 1989
  ISBN 3-12-922066-6

NE: Kirsammer, Ernst:

2. Auflage 1989
© Ernst Klett Verlag für Wissen und Bildung GmbH & Co. KG, Stuttgart 1988
Gesamtherstellung: Wilhelm Röck, Weinsberg
Einband- und Innengestaltung: Hitz und Mahn, Stuttgart
ISBN 3-12-922066-6

Inhalt

Vorwort

Wie du im Titel bereits erfahren hast, kannst du mit diesem Buch Aufsatzarten ‚trainieren'. Wir üben mit dir die wichtigsten Aufsatzarten des achten und neunten Schuljahres der Hauptschule.

So wie du im Sport mit einfacheren Trainingseinheiten beginnst und dich dann steigerst, fangen auch wir mit den sicher schon früher geübten Aufsatzarten an.

Zum Aufbau des Buches

Wir wollen mit dir in kleinen Handlungsschritten die wichtigsten Merkmale der Aufsatzarten erarbeiten. Beispiele sollen die gefundenen Erkenntnisse verdeutlichen. Übungen zum Wortschatz und zu einzelnen Aufsatzteilen schließen sich an. In einem Merkkasten werden sodann die wichtigsten Merkmale zusammengefaßt. **Erst dann** schreibst du einen eigenen Aufsatz zu einem bestimmten Thema.

Hinweise zur Benutzung des Buches

Zu allen Übungen findest du im Lösungsheft Lösungsvorschläge. Sie dienen dir zur Lernkontrolle. Suche eine eigene Lösung und vergleiche sie erst dann mit unserem Vorschlag.

Nimm dir nicht zuviel vor. Erarbeite an einem Nachmittag nur die Merkmale einer Aufsatzart mit den dazugehörigen Übungen. (Bei einigen Aufsatzarten wirst du zwei Nachmittage für die Vorübungen benötigen.) Am folgenden ‚Arbeitsnachmittag' übst du dann diese Aufsatzart; bearbeite aber immer nur ein Thema.

Arbeite regelmäßig mit dem Buch, zumindest einmal in der Woche. Erstelle einen Arbeitsplan. Dieser Arbeitsplan kann sich auch danach richten, welche Aufsatzart du gerade in der Schule durchnimmst. Es ist auch möglich, nur die Aufsatzarten zu üben, die dir noch am meisten Schwierigkeiten bereiten.

Du wirst feststellen, daß dir die ‚Arbeit' leichter fällt, wenn du die ersten Fortschritte schon erzielt hast.

Dazu wünschen wir dir viel Erfolg!

Erzählung

Die **Erzählung** ist die erste Aufsatzart. Schon in der Grundschule hast du sie kennengelernt.

Begonnen hast du damit, Fortsetzungen zu Erzählanfängen zu schreiben und Reizwortgeschichten anzufertigen. (Beispiel für Reizwörter: Prinzessin – Räuber – Hochzeit. Beispiel für einen Erzählanfang: Die ganze Familie saß um den Tisch und spielte ‚Mensch ärgere dich nicht'. Da ging plötzlich das Licht aus . . .)

Im folgenden Kapitel wollen wir drei Arten der Erzählung erarbeiten:

1. Erlebniserzählung
2. Phantasieerzählung
3. Zu Bildern erzählen

1.1 Erlebniserzählung

Diese Aufsatzart ist bei Schülern aller Altersstufen beliebt. Bei dieser Aufsatzart besteht nämlich die Möglichkeit, *eigene* Erfahrungen, Erlebnisse und Abenteuer spannend darzustellen. Vermeide dabei aber starke Übertreibungen und Unwahrscheinliches.

An einem Beispiel wollen wir die Merkmale dieser Aufsatzart herausfinden:

Erzählung

	Merkmale
Auf einer Spur!	
<u>Meine Freundin Sabine und ich</u> sind wahre „Frischluftfans".	<u>Einleitung</u>
Wann immer es unsere Zeit erlaubt, gehen wir spazieren oder	Personen
treiben Sport an der frischen Luft. Nun kam uns unser <u>Lehrer</u>,	Anlaß
wenn auch unbewußt, entgegen, indem er der Klasse im Fach	Ort
Biologie am <u>Samstag</u> eine <u>Sonderaufgabe</u> stellte: Für eine	Zeitpunkt
Ausstellung sollten im Wald besondere Farnkräuter gesammelt und gepreßt werden. Das war was für uns!	

Am folgenden Mittwochnachmittag machten wir uns auf den Weg. Gut ausgerüstet mit Rebschere, Messer und Korb begaben wir uns Richtung Wald. An diesem Nachmittag schien die Sonne besonders warm – ungewöhnlich für den Spätherbst. Wir näherten uns dem Mischwald, der unser Dorf fast umgibt. Sabine entdeckte gleich am Waldrand einen herrlich gewachsenen Farn. Vorsichtig schnitten wir zwei Prachtexemplare von Blättern ab. Anschließend folgten wir einem kleinen Trampelpfad tiefer in den Wald hinein. Rechts und links fanden wir Farnblätter in allen Grüntönen. Unser Korb füllte sich zusehends.

Auf einmal hörte ich: „Petra, komm schnell!" Erschrocken blickte ich in die Richtung, aus der der Schrei kam. „Sabine, wo bist du?" vergewisserte ich mich. „Hier, schnell!" Jetzt konnte ich der Aufforderung folgen. Sabine stand gebückt und zeigte mir auf der Erde seltsame, frische Spuren im weichen Boden.

Hauptteil eigentliches Geschehen (neuer Ort und neuer Zeitpunkt möglich – vgl. Hauptteil S. 8)

„Weißt du, was das ist?" fragte sie ängstlich. Mir war auch nicht ganz wohl in meiner Haut. „Nein, keine Ahnung. Komm, wir verfolgen die Spuren mal ein Stückchen weiter." Vorsichtig um uns blickend schlichen wir tiefer in den Wald hinein. Da – ein Knacken – wir blieben erstarrt stehen. Jetzt raschelte es in den Blättern. Aber nichts war zu sehen. Wir standen eng beieinander und wußten nicht so recht, was wir tun sollten. Da machte mir Sabine ein Zeichen, was so viel hieß wie: „Komm, weitergehen!" Meine Knie schlotterten leicht, aber zugeben wollte ich das nicht. Und allein wollte ich auf keinen Fall da stehenbleiben. Also – Schritt um Schritt weiter! Ein kleiner Ast fiel zu Boden – uns stand fast das Herz still.

Spannung

Da – eine kleine Lichtung! Die Spuren liefen direkt darauf zu. Wir zwei schauten ängstlich um die nächste Wegbiegung. Was war das? Ein Reh mit seinem Kitz sprang erschreckt aus dem Unterholz davon. Nur mühsam konnte das Kleine der schnellen Mutter folgen. Wir standen eine ganze Weile und schwiegen. Endlich konnten wir wie befreit aufatmen und lächelten uns an.

Höhepunkt der Spannung

Am anderen Tag in der Schule sollte jeder etwas über den Standort erzählen, an dem er die Pflanze gefunden hatte. Nach einigem Überlegen schilderten wir unser Erlebnis mit dem Reh. Unser Lehrer meinte dazu: „An den vielen Geräuschen, die ihr gehört habt, habt ihr gemerkt, daß der Wald lebt. Man sollte öfter zuhören."
Wir haben seinen Rat befolgt und waren lang nicht mehr so ängstlich, wenn wir etwas „Verdächtiges" hörten.

Schluß
ausklingen der Geschichte (Erfahrung)
auf Einleitung zurückgreifen – einrahmen

Übung 1

Wie du bemerkt hast, haben wir im Text einzelne Wörter oder Satzteile unterstrichen. Schreibe für Einleitung, Hauptteil und Schluß diese unterstrichenen Wörter heraus. Lege dazu ein Blatt Papier neben die Buchseite.

Jetzt hast du das **Handlungsgerüst** dieser Erzählung.
Daraus folgt für das eigene Schreiben:
Du mußt dir vor der eigentlichen Ausarbeitung darüber im klaren sein, über was du in welcher Reihenfolge schreiben willst, sonst kann die Erzählung unlogisch oder zu weitschweifig werden.

> ! Das Erstellen eines **Handlungsgerüstes** (Gedanken ordnen – logische Abfolge) ist der erste Arbeitsschritt, um eine Erzählung zu schreiben.

In unserer Kommentarspalte haben wir dir die drei wichtigsten Teile einer Erzählung kenntlich gemacht: Einleitung, Hauptteil und Schluß. Wir wollen uns nun mit jedem der drei Teile näher befassen.

Einleitung

In unserer Einleitung erfährst du etwas über die Person(en) (Wer?), den Anlaß (Warum?), den Zeitpunkt (Wann?) und den Ort (Wo?).

> ! Die Einleitung hat die Aufgabe, den Leser über die Vorgeschichte zu informieren und zum eigentlichen Geschehen zu führen.

Hauptteil

$\boxed{!}$ Im Hauptteil wird das eigentliche Geschehen ausführlich dargestellt.

Beachte: Es handelt sich um ein persönliches Erlebnis. Du hast also z. B. etwas *Spannendes, Lustiges* oder *Trauriges* erlebt.
Was du dabei gedacht, gefühlt, befürchtet oder gehofft hast, will der Leser erfahren.
Wenn du Personen schilderst, versuche, sie möglichst treffend zu beschreiben (z. B. Kleidung, Aussehen, Gang, Gewohnheiten).
Das Geschehen des Hauptteils kann an einem anderen Ort und zu einem anderen Zeitpunkt stattfinden (in unserem Beispiel: im Wald, Mittwochnachmittag).
Wie du an unserem Beispiel siehst, haben wir den Höhepunkt der Geschichte an das Ende des Hauptteils gestellt. So kann sich die Spannung langsam steigern.
Der Höhepunkt ist die spannendste Stelle des Hauptteils. Wenn du ihn zu früh einbaust, ist alles Folgende nicht mehr spannend und wirkt deshalb auf den Leser langweilig.
In unserer Beispielerzählung benützen wir als Erzählzeit das Präteritum. Um den Höhepunkt einer Erzählung noch deutlicher herauszustellen, kannst du ins Präsens wechseln. So wirkt es auf den Leser unmittelbarer, man befindet sich eher im Geschehen.

Schluß

$\boxed{!}$ In unserem Beispiel haben wir im Schlußteil die gemachte Erfahrung und ihre Auswirkungen auf das weitere Verhalten formuliert. Damit lassen wir die Geschichte ausklingen.

Der Schlußteil kann aber auch noch anders gestaltet werden. Du kannst mit einigen Worten die Geschichte zusammenfassen. Auch ein Rückblick auf das Geschehen oder ein Ausblick auf künftige Handlungen ist möglich. Du kannst aber auch auf deine Einleitung eingehen und somit den Hauptteil „einrahmen".

Graphisch dargestellt kann die Erzählung wie folgt aussehen:

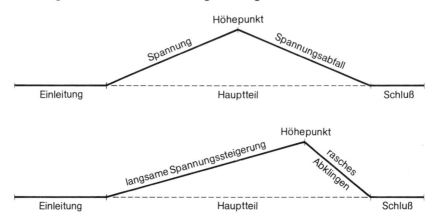

Wie schon erwähnt, *soll* deine *Erzählung nicht wie folgt aussehen:*

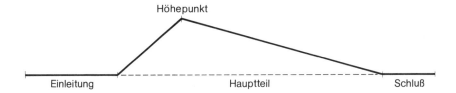

An Auszügen der ersten Erzählung wollen wir dich auf drei weitere Merkmale aufmerksam machen:

Ich-Form

> Meine Freundin Sabine und ich sind wahre „Frischluftfans". Wann immer es unsere Zeit erlaubt, gehen wir spazieren oder treiben Sport an der frischen Luft.

Diese Erzählung steht also in der **Ich-Form** (ich selbst nehme an der Handlung teil).

Er-Form

Aber auch eine andere Form ist möglich (unser Erzählbeispiel umgeformt):

> Die Freundinnen Sabine und Petra sind wahre „Frischluftfans". Wann immer es ihre Zeit erlaubt, gehen sie spazieren oder treiben Sport an der frischen Luft.

In diesem Fall erzählst du *über* die handelnden Personen und ihr Erlebnis. Das nennen wir die **Er-Form.**

Zur Verdeutlichung eine Graphik:

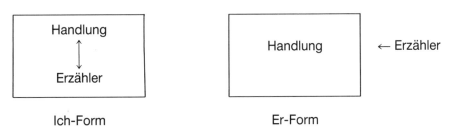

Erzählzeit

Gut ausgerüstet mit Rebschere, Messer und Korb <u>begaben</u> wir uns Richtung Wald. An diesem Nachmittag <u>schien</u> die Sonne besonders warm – ungewöhnlich für den Spätherbst.

Bei der **Erlebniserzählung** benutzen wir das Präteritum. (Wie man das Präsens in einer Erzählung anwenden kann, werden wir dir später an einem Beispiel verdeutlichen.)

Mit folgenden Mitteln kannst du deine Erzählung spannender gestalten (jeweils einige Beispiele aus unserer Erzählung):

a) **Wörtliche Rede:**   „Petra, komm schnell!"   „Sabine, wo bist du?"

b) **Ausrufesätze:**   Da – eine kleine Lichtung!

c) **Fragesätze:**   Was war das?

d) **Treffende Verben:**   schlichen, verfolgten, raschelte, entdeckte

e) **Treffende Adjektive:**   herrlich gewachsen, ängstlich, mühsam, vorsichtig

> [!]   Mit Hilfe der wörtlichen Rede, Ausrufesätzen, Fragesätzen, treffenden Verben und treffenden Adjektiven kannst du deine Erzählung spannender gestalten.

Als Zusammenfassung und Hilfe für deine Übungen geben wir dir einen Merkkasten. Er enthält die wichtigsten Merkmale der Erlebniserzählung.

Erlebniserzählung

– Handlungsgerüst (Reihenfolge – logischer Aufbau)

– Dreiteilung   Einleitung: Hinführung zum Thema, Vorgeschichte

                  Hauptteil: eigentliches Geschehen, Spannung, Höhepunkt

                  Schluß: Zusammenfassung, Geschichte ausklingen lassen, Rückblick/Ausblick, auf Einleitung zurückgreifen (einrahmen)

Hinweis:

– Erzählform   Ich-Form, Er-Form

– Erzählzeit   Präteritum (evtl. Präsens beim Höhepunkt*)

– Stilmittel   wörtliche Rede, Ausrufesätze, Fragesätze, treffende Verben und Adjektive

---

* Siehe dazu
Lösungsheft S. 4.

Übung 2

Wie wir sehr oft feststellen, fällt es den Schülern schwer, passendere Verben als „sprechen" und „gehen" zu finden. Du sollst nun eine Wortfeldarbeit zu beiden Verben anfertigen.

a) Finde weitere Beispiele für „sprechen":
- – leise sprechen:
- – laut sprechen:
- – antworten:
- – undeutlich sprechen:
- – zustimmen:
- – ablehnen:
- – sich abwertend äußern:

b) Finde ebenso weitere Beispiele für „gehen":
- – schnell gehen:
- – langsam gehen:　　　　　　　　　　　(Vgl. im Lösungsheft S. 3.)

Übung 3

Bei der nächsten Übung geben wir dir die Einleitung und den Schluß vor. Den Hauptteil sollst du nun selbst gestalten. Ein Handlungsgerüst hilft dir dabei.

Du kannst beim Spannungshöhepunkt ins Präsens wechseln. Dadurch wird der Leser in das Geschehen unmittelbarer eingebunden.

Beispiel:　Präteritum: Ich *sah* eine dunkle Gestalt näherkommen.
　　　　　Präsens:　 Ich *sehe* eine dunkle Gestalt näherkommen.

(Vgl. im Lösungsheft S. 3/4.)

Zufall oder Pech?

Einleitung:

Endlich war die Plackerei in der Brauerei beendet, und mein Freund und ich, beide 18 Jahre alt, wollten zum ersten Mal in unser Traumland trampen – nach Frankreich. Mit Zelt, Schlafsack, Kocher, Konserven und Seesack bestens ausgerüstet, reisten wir mit dem Bus nach Straßburg. Über 4 Wochen Ferien lagen noch vor uns ...

Schluß:

Anfänglich wollten wir nach Deutschland zurückkehren, doch dann entschlossen wir uns, als echte Partner in Glück und Unglück, mit dem Geld meines Freundes auszukommen.

Doch manchmal frage ich mich, ob tatsächlich nur Pech und Zufall im Spiel waren oder vielmehr Sorglosigkeit.

Handlungsgerüst für den Hauptteil: Am ersten Tag bis Colmar – 100 km geschafft – französischer Tramper (Pierre) – elegant (Koffer – Kombination) – man freundet sich an – Verabschiedung am nächsten Morgen – zu dritt wird man schlecht mitgenommen – nach 300 km, kurz vor Lyon, in Aisne, zufälliges Wiedertreffen – abermalige Übernachtung – ausleihen des Radios von Pierre – Kälte in der Nacht – noch eine zusätzliche Decke aus dem Seesack über den Schlafsack – Kleingeld im Brustbeutel, großes Geld im Geldbeutel im Seesack – Pierre holt sich das Radio aus dem Seesack, entdeckt den Geldbeutel und stiehlt die Scheine.

Höhepunkt: Ich-Erzähler kann nicht weiterschlafen – schaut im Seesack nach – findet leeren Geldbeutel – er hat ihn wohl nachts mit der Decke nach oben gezogen – Verfolgung des Franzosen – ohne Erfolg.

Übung 4 Für deine nächste Erzählung geben wir dir nur ein Handlungsgerüst. Du hast folgende Aufgaben:
a) eine treffende Überschrift finden
b) entscheiden, welche Angaben zu Einleitung, Hauptteil und Schluß gehören
c) eine Erlebniserzählung schreiben.

(Siehe Lösungsheft S. 4/5.)

Handlungsgerüst: Renate – 17jähriges Mädchen – Betrieb – Lebensversicherung – Stuttgart – Auszubildende in der Buchhaltung – 7. Stock – Photokopien – auf dem Stock nur Akten – leichter Brandgeruch – Sirene – Qualm – vom Fenster abgeschnitten – Fenster zum Hinterhof – Vorderseite Rettung der Angestellten – Renate wird vermißt – Sprungtuch – Angst vor dem Springen – Leiter zu kurz – Ermunterung eines Feuerwehrmannes – Sprung – Rettung – zu Hause – (Glück) Erleichterung – Freude.

Übung 5 Fertige zu dem Thema „Poltergeist" eine Erlebniserzählung an. Gehe schrittweise nach unserem Merkkasten vor.
Im Lösungsheft (S. 5/6) findest du zum gleichen Thema eine gelungene Schülerarbeit, mit der du deine Erzählung vergleichen kannst.

Für weitere Übungen bieten wir dir eine Themenauswahl an:

Dieser Ausreißer!
Ein lustiger Streich!
Welch eine Überraschung!
Ein Traum (wunderbar/schrecklich)
Der verflixte Wecker!
Ein Tier ist verschwunden!

1.2 Phantasieerzählung

Im Gegensatz zur Erlebniserzählung, bei der du eigene Erfahrungen verarbeitet hast, darfst du in der Phantasieerzählung **Geschichten erfinden.**
Versuche, gute Einfälle anschaulich und folgerichtig auszugestalten. Der Merkkasten auf S. 10 gilt auch für die Phantasieerzählung, wird aber durch folgende Punkte ergänzt:

- Geschichte kann erfunden werden (muß nicht wahr sein).
- Übertreibungen und Unwahrscheinlichkeiten sind möglich (hüte dich aber vor einer uferlosen Phantasterei und einer Aneinanderreihung von Unmöglichkeiten).
- Möglichkeit, phantasiereich zu erzählen: Tiere, Pflanzen oder Gegenstände können reden.
- Handlung kann in der Vergangenheit oder auch in der Zukunft spielen.

Hier nun ein etwas überarbeitetes Schülerbeispiel:

Aus dem Leben einer Schultafel

Wer mich jetzt sieht, kann sich kaum vorstellen, daß ich eine alte Schultafel bin. Mein letztes Erlebnis hat viele Spuren hinterlassen, und man kann mich nicht mehr benutzen. Am besten ist es, wenn ich euch alles von Anfang an erzähle. Nachdem mich Menschen und Maschinen zusammengeleimt und – geschraubt hatten, verließ ich die Fabrik mit vielen anderen Kameraden. Nach einer unbequemen Fahrt mit dem Lastwagen, während der ich mir die ersten blauen Flecken holte, wurde ich im Klassenzimmer der Klasse sechs befestigt.

Da hing ich nun im Klassenzimmer, sauber und neu, und konnte den ersten Schultag nach den Ferien kaum erwarten. Vor lauter Aufregung habe ich in der letzten Feriennacht kaum geschlafen. Aber dann ging's los!

Zuerst klingelte ein Wecker, und dann stürmte eine lärmende Schülerschar herein. Während sie sich ihre Ferienerlebnisse erzählten, ging die Rangelei um die besten Plätze los. Auf einmal rief ein Junge: „He, schaut mal!" Es wurde ganz ruhig, und alle Augen starrten auf mich. Ein anderer Junge schlug vor: „Wollen mal sehen, ob die auch etwas taugt." Mit roter, gelber und weißer Kreide wurde ich vollgeschmiert. Aus dem Hintergrund traf mich ein nasser Schwamm. Rauf und runter wurde ich geschoben – mir wurde ganz schwindlig. Ein Mädchen probierte meine Scharniere aus, und da – plötzliche Stille – alle rannten an den Platz. Hatte vielleicht jemand meine Hilferufe gehört?

Nein, ein großer und kräftiger Mann stand im Zimmer. Alle brüllten: „Guten Morgen, Herr Fritz!" „Aha, das scheint der Lehrer zu sein. Mit dem muß ich mich gutstellen", dachte ich bei mir. Aber was war das? Auch Herr Fritz nahm ein Stück Kreide und kitzelte mich am Bauch. Ich merkte jetzt schon, daß das saubere grüne Kleid für immer und ewig dahin ist.

Im Laufe der Schultage lernte ich die Schüler kennen und konnte sie von meinem Platz aus gut beobachten: Klaus ärgerte mit Vorliebe den Herrn Fritz – nur, der merkte immer alles gleich. Die Dias, die Frau Roos-Schedy zeigte, waren sehr interessant, nur für Michael nicht: Er pennte! Es war ja auch so schön dunkel im Klassenzimmer. Völlig verständnislos schaute Robert aus der Wäsche, als Herr Fischäß auf mir Matheaufgaben erklärte. Die verstand ja sogar ich! Anja verwechselte das Diktat ab und zu mit einer Abschreibübung. Nur schade, daß Frau Bantle in dieser Hinsicht nicht immer Spaß verstand. Besonders „bunt" ging es immer bei Frau Schmidberger zu. Viele Schüler verließen nach dem Wasserfarbenmalen das Klassenzimmer farbiger als die Zeichnungen, die an der Wand hingen.

Der absolute Höhepunkt meines Tafellebens war die Faschingsparty. Zum ersten Mal bedauerte ich, nicht von der Wand springen zu können, um mich unter die maskierten Schüler zu mischen. Die Musik war fetzig, der Yüksel flippte aus, die Getränke waren spitze – nur von den Berlinern bekam man so klebrige Finger.

Ihr seht, einer Schultafel wird es nie langweilig.

Nach vielen Jahren Dienst wachte ich eines Morgens an etwas Besonderem auf. Da – was war das? Sirengeheul – ganz in der Nähe! Leichter Brandgeruch stieg in meine Nase. Nun wurde ich erst ganz wach und sah, daß die Helligkeit durch lodernde Flammen verursacht wurde. Was sollte ich tun? Ich rief – ich brüllte – ich wedelte mit meinen Armen! Keiner beachtete mich. Der Rauch wurde immer dichter, meine Augen tränten, der Husten wurde immer stärker – mir wurde schwarz vor den Augen ...

Auf der Müllhalde erwachte ich wieder. Der Brand hinterließ unübersehbare Spuren. Unbrauchbar als Tafel liege ich nun hier und träume jeden Tag von „meiner Schule".

(Klaus M., 12 J.)

Du erkennst folgende Merkmale:
– Ein Gegenstand erzählt: die Geschichte kann nicht wahr sein.
– Die Reihenfolge ist in sich logisch.
– Die Handlung spielt in der Vergangenheit (Präteritum).

Übung 6

Versuche nun, eine eigene Phantasieerzählung zum Thema *„Eine Schaufensterpuppe erzählt"* anzufertigen. Achte dabei auch wieder auf die einzelnen Punkte der Merkkästen (s. S. 10, 13). Ein Handlungsgerüst geben wir dir nicht, da wir damit deine Phantasie zu sehr einschränken würden.

Wenn du deine Phantasieerzählung abgeschlossen hast, kannst du sie mit einer guten Schülerarbeit im Lösungsheft (S. 7) vergleichen.

Auch zu dieser Aufsatzart bieten wir dir noch einige Themen zur Übung an:

> *Ich kann zaubern!*
> *Ein unglaubliches Erlebnis!*
> *Endlich im Lotto gewonnen!*
> *Allein im Weltraum!*

1.3 Zu Bildern erzählen

Der grundlegende Unterschied zu den beiden vorausgegangenen Aufsatzarten (Erlebniserzählung, Phantasieerzählung) liegt darin, daß die Handlung durch Bilder vorgegeben wird.

Die Aussagen der einzelnen Bilder mußt du erkennen, formulieren und anschließend aneinanderreihen.

Übung 7   Formuliere zu jedem weiteren Bild einige kurze Sätze.
                   (Siehe auch Lösungsheft S. 8.)

Jens kehrt von der Schule zurück.
Er sieht aus einem geöffneten Fenster
Rauch dringen.

_____

_____

_____

_____   _____

_____   _____

_____   _____

Hinweise zur weiteren Bearbeitung:

Mit diesen kurzen Sätzen haben wir den Inhalt der Bilder beschrieben. Inhaltsangaben stehen im Präsens (s. Kapitel „Inhaltsangabe", S. 22). Du sollst aber nicht den Inhalt einzelner Bilder festhalten, sondern einen durch die Bilder vorgegebenen Handlungsablauf erzählen. Achte aber jetzt darauf, daß die **Zeitstufe** der **Erzählung** das **Präteritum** ist.

Auch hier sollst du spannend und anschaulich erzählen.
Die Erzählperspektive kannst du wählen (Ich-Form, Er-Form).
Finde eine passende Überschrift.
Um eine in sich geschlossene Erzählung des durch die Bilder vorgegebenen Handlungsablaufs zu fertigen, mußt du dir überlegen, was zwischen den Bildern passiert, also einen logischen Zusammenhang herstellen.

Übung 8   Formuliere Sätze, die die einzelnen Bilder sinnvoll miteinander verbinden:

Verbindung zwischen Bild 1 und 2:
Er vermutet einen Brand.

Verbindung zwischen Bild 2 und 3:
. . . . .

Verbindung zwischen Bild 3 und 4:
. . . . .

Suche eine passende Überschrift.

Die Dreiteilung Einleitung – Hauptteil – Schluß bleibt ebenfalls bestehen.

a) Häufig ist es so, daß das **erste Bild** zur **Einleitung** benutzt wird, das **letzte Bild** für den **Schluß.**
b) Du kannst aber auch Einleitung und Schluß selbst formulieren. Beachte, daß dabei ein Zusammenhang zur vorgegebenen Bildfolge besteht.

(Vgl. im Lösungsheft S. 8.)

Beispiele zu:

a)   Einleitung:

Nach einem anstrengenden Morgen in der Schule kehrte Jens frohgemut nach Hause zurück. Erschrocken blieb er vor dem geöffneten Wohnzimmerfenster stehen. Dicker schwarzer Rauch quoll aus dem Fenster.

Schluß:

Wütend und triefend naß erschien am Wohnzimmerfenster Jens Vater. Anklagend zeigte er auf seine „gelöschte Pfeife". Jens betrachtete fassungslos sein „Werk".

b) Einleitung:

Wie jeden Mittag schlenderte Jens nach der Schule nach Hause. Schon von weitem stieg ein leichter Brandgeruch in seine Nase.

Schluß:

„Das hat man nun davon", dachte Jens bei sich. „Da versucht man, so gut man kann, einen ‚Großbrand' zu löschen und wird dafür noch angeschrien."

Zu Bildern erzählen

– Bilder genau betrachten
  (achte auf Einzelheiten wie z. B. Gesichtsausdrücke, Körper-
  haltung)
– zur Vorbereitung Inhalt der einzelnen Bilder formulieren
  (kurze Sätze im Präsens)
– Bilder verbinden
  (Bildinhalte sprachlich verbinden)
– Erzählperspektive wählen
  (Ich-Form, Er-Form)
– passende Überschrift finden
– Einleitung, Hauptteil und Schluß festlegen
– ausformulieren
  (Zeitform Präteritum, spannend, anschaulich)

Übung 9   Fertige nun zu den vorgegebenen Bildern eine Erzählung. Wähle für Einleitung und Schluß unseren Vorschlag b) und gehe ansonsten nach dem Merkkasten vor. (Vgl. im Lösungsheft S. 8/9.)

Übung 10   Schreibe zu jedem Bild der folgenden Bildergeschichte einige Sätze und verbinde die einzelnen Bilder.
Beachte besonders das Fragezeichen – dort sollst du ein weiteres Erlebnis erfinden.
Suche eine treffende Überschrift.
Wähle die Sie-Form.
Die Einleitung kannst du hinzuerfinden.
Bevor du anhand des Merkkastens den Aufsatz schreibst, kannst du das Handlungsgerüst im Lösungsheft (S. 9) durchlesen.

Thema Nr. 8 „Nadja" der Hauptschulabschlußprüfung 1985 von Baden-Württemberg

Übung 11   Zwei weitere Übungsmöglichkeiten, deren Lösungen nicht angeboten werden, findest du hier:

Beispiel 1:

Thema Nr. 6 „Die Telefonzelle" der Hauptschulabschlußprüfung 1984 von Baden-Württemberg

Beispiel 2:

E. O. Plauen, Vater und Sohn. Wie die Jungen zwitschern. Gesamtausgabe. © Südverlag GmbH Konstanz.
Mit Genehmigung der Gesellschaft für Verlagswerte GmbH, Kreuzlingen/Schweiz.

Inhaltsangabe

Die Inhaltsangabe dient vor allem dazu, den Leser über das Wesentliche eines längeren Geschehens kurz zu informieren. Du wendest sie z. B. an, wenn du jemandem den Inhalt eines Buches, einer Fernsehsendung oder eines Filmes wiedergibst.

Wir wollen dir nun anhand der folgenden Übungen wichtige Merkmale der Inhaltsangabe aufzeigen.

Johann Peter Hebel

Unverhofftes Wiedersehen

In Falun in Schweden küßte vor guten fünfzig Jahren und mehr ein junger Bergmann seine junge, hübsche Braut und sagte zu ihr: „Auf Sankt Luciä wird unsere Liebe von des Priesters Hand gesegnet. Dann sind wir Mann und Weib und bauen uns ein eigenes Nestlein." – „Und Friede und Liebe soll darin

5 wohnen", sagte die schöne Braut mit holdem Lächeln, „denn du bist mein einziges und alles, und ohne dich möchte ich lieber im Grab sein als an einem anderen Ort." Als sie aber vor Sankt Luciä der Pfarrer zum zweiten Male in der Kirche ausgerufen hatte: „So nun jemand Hindernis wüßte, anzuzeigen, warum diese Personen nicht möchten ehelich zusammenkommen", da meldete sich der

10 Tod. Denn als der Jüngling den andern Morgen in seiner schwarzen Bergmanns-kleidung an ihrem Haus vorbeiging, der Bergmann hat sein Totenkleid immer an, da klopfte er zwar noch einmal an ihr Fenster und sagte ihr guten Morgen, aber keinen guten Abend mehr. Er kam nimmer aus dem Bergwerk zurück, und sie saumte vergeblich selbigen Morgen ein schwarzes Halstuch mit rotem Rand

15 für ihn zum Hochzeitstag, sondern als er nimmer kam, legte sie es weg und weinte um ihn und vergaß ihn nie. Unterdessen wurde die Stadt Lissabon in Portugal durch ein Erdbeben zerstört, und der Siebenjährige Krieg ging vorüber, und Kaiser Franz der Erste starb, und der Jesuitenorden wurde aufgehoben und Polen geteilt, und die Kaiserin Maria Theresia starb, und der Struensee wurde

20 hingerichtet, Amerika wurde frei, und die vereinigte französische und spanische Macht konnte Gibraltar nicht erobern. Die Türken schlossen den General Stein in der Veteraner Höhle in Ungarn ein, und der Kaiser Joseph starb auch. Der

Als erstes findest du die Gegenüberstellung einer Erzählung und deren Inhaltsangabe. Lies beide Texte genau durch. Achte dabei besonders auf die unterstrichenen Wörter in der Erzählung und deren Umsetzung in der Inhaltsangabe. Vergleiche auch die Länge der beiden Texte.

Inhaltsangabe

In Falun in Schweden küßt ein junger Bergmann vor mehr als fünfzig Jahren seine Braut. An St. Luciä wollen sie heiraten. Doch als der Pfarrer zum zweiten Male in der Kirche fragt, ob jemand gegen diese Ehe sei, meldet sich der Tod.

Der Jüngling kehrt nämlich aus dem Bergwerk nicht wieder, und vergeblich umsäumt die Braut ein schwarzes Halstuch für ihn zum Hochzeitstag. Sie weint um ihn, vergißt ihn aber nie.

Viele Jahre vergehen – von der Zerstörung Lissabons durch ein Erdbeben bis zu Napoleons Eroberung von Preußen.

König Gustav von Schweden eroberte Russisch-Finnland, und die Französische Revolution und der lange Krieg fing an, und der Kaiser Leopold der Zweite
25 ging auch ins Grab. Napoleon eroberte Preußen, und die Engländer bombardierten Kopenhagen, und die Ackerleute säeten und schnitten. Der Müller mahlte, und die Schmiede hämmerten, und die Bergleute gruben nach den Metalladern in ihrer unterirdischen Werkstatt. Als aber die Bergleute in Falun im Jahr 1809 etwas vor oder nach Johannis zwischen zwei Schachten eine
30 Öffnung durchgraben wollten, gute dreihundert Ellen tief unter dem Boden, gruben sie aus dem Schutt und Vitriolwasser den Leichnam des Jünglings heraus, der ganz mit Eisenvitriol durchdrungen, sonst aber unverwest und unverändert war, also daß man seine Gesichtszüge und sein Alter noch vollkommen erkennen konnte, als wenn er erst vor einer Stunde gestorben oder ein
35 wenig eingeschlafen wäre an der Arbeit. Als man ihn aber zu Tag aufgefördert hatte, Vater und Mutter, Gefreundte und Bekannte waren schon lange tot, kein Mensch wollte den schlafenden Jüngling kennen oder etwas von seinem Unglück wissen, bis die ehemalige Verlobte des Bergmanns kam, der eines Tages auf die Schicht gegangen war und nimmer zurückkehrte. Grau und zusammenge-
40 schrumpft kam sie an einer Krücke an den Platz und erkannte ihren Bräutigam und mehr mit freudigem Entzücken als mit Schmerz sank sie auf die geliebte Leiche nieder, und erst als sie sich von einer langen heftigen Bewegung des Gemüts erholt hatte, „es ist mein Verlobter", sagte sie endlich, „um den ich fünfzig Jahre lang getrauert hatte und den mich Gott noch einmal sehen läßt vor
45 meinem Ende. Acht Tage vor der Hochzeit ist er auf die Grube gegangen und nimmer gekommen." Da wurden die Gemüter aller Umstehenden von Wehmut und Tränen ergriffen, als sie sahen die ehemalige Braut jetzt in der Gestalt des hingewelkten kraftlosen Alters und den Bräutigam noch in seiner jugendlichen Schöne und wie in ihrer Brust nach fünfzig Jahren die Flamme der jugendlichen
50 Liebe noch einmal erwachte; aber er öffnete den Mund nimmer zum Lächeln oder die Augen zum Wiedererkennen; und wie sie ihn endlich von den Bergleuten in ihr Stübchen tragen ließ, als die einzige, die ihm angehöre und ein Recht an ihn habe, bis sein Grab gerüstet sei auf dem Kirchhof.
Den andern Tag, als das Grab gerüstet war auf dem Kirchhof und ihn die
55 Bergleute holten, schloß sie ein Kästlein auf, legte ihm das schwarzseidene Halstuch mit roten Streifen um und begleitete ihn in ihrem Sonntagsgewand, als wenn es ihr Hochzeitstag und nicht der Tag seiner Beerdigung wäre. Denn als man ihn auf dem Kirchhof ins Grab legte, sagte sie: „Schlafe nun wohl, noch einen Tag oder zehn im kühlen Hochzeitsbett, und laß dir die Zeit nicht lang
60 werden. Ich habe nur noch wenig zu tun und komme bald, und bald wird's wieder Tag. Was die Erde einmal wiedergegeben hat, wird sie zum zweiten Mal auch nicht behalten", sagte sie, als sie fortging und noch einmal umschaute.

Johann Peter Hebel, Unverhofftes Wiedersehen, aus: Kalendergeschichten, Insel Verlag, Frankfurt a. M. 1965

1809 graben Bergleute in Falun in dreihundert Ellen Tiefe aus Schutt und Vitriolwasser die Leiche eines jungen Mannes aus. Obwohl mit Eisenvitriol durchsetzt, ist sie sonst aber ohne Verwesungserscheinungen, so daß Alter und Gesichtszüge völlig zu erkennen sind.

Niemand kennt den jungen Mann, bis auf eine kleine, ergraute Frau, die ehemalige Verlobte.

Gerührt bemerken die Anwesenden, wie sie, die verwelkte Frau, sich abermals in diesen Jüngling verliebt. In ihrer Stube hält sie ihm die Totenwache.

Bevor er am nächsten Tag beerdigt werden soll, legt sie ihm das umsäumte Halstuch um und kleidet sich sonntäglich, als ob es ihr Hochzeitstag und nicht der Tag seiner Beerdigung wäre.
Nicht vom Grab spricht sie zu ihm, sondern vom Hochzeitsbett, in das sie ihm bald nachfolgen werde.

Schlüsselwörter

Wie du festgestellt hast, sind im Originaltext einige Wörter unterstrichen. Wenn du diese Wörter hintereinander liest, erkennst du das Gerüst bzw. den Handlungsablauf dieser Erzählung.

> [!] Diese Wörter nennt man **Schlüsselwörter**, weil sie für den Fortlauf der Erzählung unerläßlich sind.

Fehlen einige, entstehen Lücken für das Verständnis des Handlungsablaufes.

Beispiel: Zeile 32–34 im Originaltext:

          – unverwest – Gesichtszüge und Alter erkennen –

Erklärung: Unter dieser Voraussetzung kann die Frau ihren Verlobten erkennen. Ohne diese Angaben wäre die Geschichte für uns unverständlich.

Du mußt also, wenn du Schlüsselwörter in einem Text finden willst, genau überlegen, ob sie für den Handlungsablauf und somit für das Verständnis des Lesers wichtig sind. So ist es zum Beispiel nicht wichtig, alle geschichtlichen Angaben anzuführen, um die Handlung zu verstehen:

Beispiel: Originaltext Zeile 16–25

          Inhaltsangabe:
          Viele Jahre vergehen – von der Zerstörung Lissabons durch ein Erdbe-
          ben bis zu Napoleons Eroberung von Preußen.

Wir haben in unserem Beispiel die Zerstörung Lissabons und die Eroberung Preußens durch Napoleon angegeben, weil sie den meisten bekannt sein dürften.
Es wäre aber genauso gut möglich zu schreiben: Viele Jahre vergehen . . . oder: Jahre später . . .

Wie du an diesem Beispiel auch bemerkt hast, kann die Inhaltsangabe mit einem Satz mehrere Zeilen zusammenfassen.
Da die Inhaltsangabe nur das Wesentliche einer Geschichte wiedergibt (s. Schlüssel-wörter), ist sie damit entschieden *kürzer* als der Originaltext.

Man kann Schlüsselwörter, die in einem veralteten Deutsch geschrieben sind, durch moderne Ausdrücke ersetzen (besseres Verständnis). Auch können einzelne Schlüssel-wörter kürzer zusammengefaßt werden.

Die Schlüsselwörter können in der Inhaltsangabe in verschiedenen Formen erscheinen:
Beispiele für Schlüsselwörter, die direkt übernommen werden müssen, da sie feststehende Begriffe sind:
Falun, Schweden, Bergmann, Pfarrer, Halstuch usw.

Beispiele für Schlüsselwörter, die umgewandelt und zusammengefaßt werden können:

Erzählung	Inhaltsangabe
Eisenvitriol durchdrungen – unverwest	Eisenvitriol durchsetzt – Verwesungserscheinungen
kein Mensch	niemand
Pfarrer – zweiten Male – Kirche ausgerufen – jemand Hindernis – anzuzeigen, warum diese Personen nicht möchten ehelich zusammenkommen	Der Pfarrer fragt zum zweiten Mal in der Kirche, ob jemand gegen diese Ehe sei

Zeitstufe, Anwendung der wörtlichen Rede

Vergleich Erzählung – Inhaltsangabe

Achte in den folgenden Sätzen auf die Erzählzeit und die wörtliche Rede.

Erzählung	Inhaltsangabe
In Falun in Schweden küßte vor guten fünfzig Jahren und mehr ein junger Bergmann seine junge, hübsche Braut und sagte zu ihr: „Auf Sankt Luciä wird unsere Liebe von des Priesters Hand gesegnet. Dann sind wir Mann und Weib und bauen uns ein eigenes Nestlein."	In Falun in Schweden küßt ein junger Bergmann vor mehr als fünfzig Jahren seine Braut. An Sankt Luciä wollen sie heiraten.

Wie du siehst, wird in der Inhaltsangabe die Zeitform des **Präsens** und **keine wörtliche Rede** verwendet.

Erzählabschnitte

Jede Erzählung läßt sich in einzelne Erzählabschnitte aufteilen. Ein neuer Erzählabschnitt kann beginnen, wenn eine **neue Handlung** oder ein **neuer Gedankengang** beginnt, der **Ort wechselt** oder ein **Zeitsprung** stattfindet.
Diese Erzählabschnitte ergeben in der Inhaltsangabe einzelne Absätze. Somit wird diese gegliedert und man vermeidet ein bloßes Aneinanderreihen von Sätzen.

Wir wollen dir an unserer Eingangserzählung (Unverhofftes Wiedersehen von Johann Peter Hebel) die einzelnen Erzählabschnitte aufzeigen:

von – bis	Erzählabschnitt
Zeile 1–7	Verlobungszeit
Zeile 7–16	Tod des Bräutigams, Trauer der Braut (neue Handlung)
Zeile 16–28	geschichtlicher Rückblick (Zeitablauf)
Zeile 28–35	Auffinden einer unbekannten Leiche (neue Handlung, neue Zeit)
Zeile 35–53	Wiedererkennen des Bräutigams durch die alte Frau – neue Liebe – Totenwache (neue Handlung)
Zeile 53–62	Beerdigung und Wunsch, ihm bald nachzufolgen (neue Handlung, Ortswechsel)

Wir kennen nun schon mehrere Punkte, die zur Anfertigung einer Inhaltsangabe benötigt werden:

> – das Wichtigste finden und unterstreichen (Schlüsselwörter)
> – Erzählabschnitte erkennen
> – Inhalt so kurz wie möglich zusammenfassen
> – Zeitstufe: Präsens, keine wörtliche Rede verwenden

Übung 1

Im zweiten Teil des folgenden Textes sollst du die Schlüsselwörter und die Erzählabschnitte finden.

Im ersten Teil haben wir die Schlüsselwörter unterstrichen. Entsprechende Fragen im Kommentar weisen auf sie hin. (Beachte: nicht alle Schlüsselwörter werden erfragt.) Wenn ein neuer Erzählabschnitt beginnt (neue Handlung, neuer Ort, neue Zeit), haben wir im Kommentar den entsprechenden Satz unterstrichen. Anfang und Ende eines Erzählabschnittes werden durch eine Klammer verdeutlicht (⌐ ⌐).

a) Unterstreiche im zweiten Teil die Schlüsselwörter und finde die Erzählabschnitte. Setze die Erzählabschnitte in Klammer.
b) Lege ein Blatt Papier so neben das Buch, daß du die entsprechenden Wörter neben den Text schreiben kannst.
(Siehe Lösungsheft S. 11.)

Der Anruf

Eva und Michel saßen in der Milchbar. Es regnete. „Kommst
du mit ins Freizeitheim? Wir haben ein Sommerfest." Eva
zögerte. „Ich habe noch nie getanzt. Außer mit meinem Vater
Walzer."

5 An Neujahr war das gewesen. Vater hatte Sekt getrunken und
war sehr lustig gewesen. Aus dem Radio klang laute Tanzmu-
sik. Plötzlich räumte Vater die Sessel und den Tisch zur Seite,
ganz aufgekratzt war er, und stellte das Radio noch lauter.
„Komm, Mama, jetzt zeigen wir mal den Kindern, wie man
10 Walzer tanzt." Die Mutter wehrte ab. „Ach nein, Fritz. Wir
haben schon so lange nicht mehr getanzt."
„Los", sagte der Vater und zog die widerstrebende Mutter aus
dem Sessel. Los Marianne. Keine Müdigkeit vorschützen."
Und dann tanzten sie, der Vater sang laut mit. „Donau, so
15 blau, so blau, so blau . . .!"
Sie tanzten Tango und Walzer, Cha-Cha-Cha und Foxtrott, so
lange bis die Mutter rote Backen bekam.
„Eva, jetzt bist du dran", sagte der Vater, als die Mutter sich
schwer atmend in einen Sessel fallen ließ.
20 „Ich kann doch nicht tanzen", antwortete Eva.
„Dann wird es Zeit, daß du es lernst."
Eva war plötzlich sehr aufgeregt. Sie bewunderte den Vater,
der seinen schweren Körper so gewandt und sicher bewegte.
Er sah anders aus als sonst. Jünger.
25 „Euer Vater hat früher einmal den ersten Preis bei einem
großen Tanzwettbewerb gewonnen. Das war damals, als wir
uns kennengelernt haben."
Eva sah ihren Vater überrascht an. „Wirklich?"
Sie fühlte sich tölpelhaft und ungeschickt, kam aus dem Takt
30 und trat ihrem Vater auf die Füße.
„Nicht so, Eva. Du darfst nicht an deine Beine denken. Achte
nur auf den Takt und laß dich führen. Hörst du? Eins, zwei,
drei. Eins, zwei, drei. Eins, zwei, drei."
Und dann war es wirklich ganz leicht. Eva drehte sich, ließ
35 sich in die Musik und in Vaters Arm fallen und fühlte sich
leicht und glücklich. „Du machst das prima, Eva, Wirklich!
Mama, wir müssen mal mit unserer großen Tochter tanzen
gehen."
Mama nickte gerührt. Der kleine Berthold war über seinem
40 Mickymausheft eingeschlafen.

⌐Personen? Ort?
Plan? Bedenken?
                    ⌐

⌐erste Tanzversu-
che mit Vater
(Zeitwechsel)

Wer tanzt zuerst?

Evas Tanz und

ihr Gefühl?

„Mit meinem Vater habe ich getanzt", sagte Eva und sah
Michel wieder an. „Er hat früher mal den ersten Preis bei
einem Tanzwettbewerb gewonnen."
„Wirklich?"

45 „Ja, das war damals, als er meine Mutter kennenlernte."   ⌐Michels Bedenken
Michel sah sie zweifelnd an. „Aber in einer Disko tanzt man   (Zeitwechsel)
keinen Walzer."
Eva lachte. „Das weiß ich. Ich habe das schon oft im Fernsehen gesehen." Sie dachte an die heimlichen Tanzversuche in

50 ihrem Zimmer. So schwer konnte das doch nicht sein.   Evas Meinung? ⌐
In der Diskothek war es sehr voll. Eva wäre am liebsten wieder   ⌐in der Diskothek
hinausgegangen, als sie all die schlanken, schönen Mädchen   (Ortswechsel)
sah. Na ja, nicht alle waren so schlank. Es waren auch ein paar   Ort? Besucher?
Dicke dabei. Eine stand mit einer Colaflasche in der Hand da,   Evas Gefühl?

55 mitten zwischen anderen Jungen und Mädchen, und lachte.
Eva sah sie von der Seite an. Sie lachte wirklich, so, als wäre
sie wie die anderen. Und dabei war sie wirklich dick. Nicht so
dick, nicht ganz so dick wie Eva, aber immerhin! Und außer-   Evas Tanz?
dem trug sie noch eine Brille.

60 Michel zog Eva an der Hand hinter sich her zu einem Tisch in
der Ecke. Eva stellte ihre Tasche hin und wollte sich setzen.
„Nein", sagte Michel. „Jetzt sind wir schon mal da, jetzt
tanzen wir auch."
Er mußte sehr laut reden, damit sie ihn überhaupt verstand.

65 Die Tanzfläche war voll, aber Michel drängte sich einfach dazu
und fing an, sich zu bewegen, erst langsam, dann schneller.
Er kann tanzen, dachte Eva, und ihre Knie wurden weich. Ihr
wurde schwindelig. Was hatte der Vater gesagt? „Nicht so,
Eva. Du darfst nicht an deine Beine denken. Hör auf den Takt

70 und laß dich führen." Aber hier gab es niemand, der sie führte.
Sie machte es wie Michel. Erst langsam, in den Hüften bewegen, wie war bloß der Takt, dann trat sie von einem Fuß auf
den anderen. Wie ein kleines Mädchen, das dringend mal
muß, dachte sie und lächelte. Michel lächelte auch. Michel,

75 dachte sie, Michel.
Er nahm ihre Hände und schwang sie unauffällig im Takt hin
und her. Und dann war es plötzlich wieder da, dieses Gefühl
wie an Neujahr, nur noch viel schöner. Eva lachte und schüttel-
te die Haare, die langen, offenen Haare, und sie vergaß ihren

80 Elefantenkörper und tanzte.
Irgendwann zog Michel sie von der Tanzfläche und führte sie
zu ihrem Stuhl. „Gib mir Geld", sagte er. „Ich hole eine
Cola."

„Ich möchte lieber ein Selterswasser."

85 Michel nickte. Er kam zurück und stellte ein Glas Überkinger
vor sie auf den Tisch.

„Mensch, Eva", sagte Michel hingerissen. „Du tanzt wirklich
ganz toll. Hätte ich nicht gedacht."

Papa, dachte sie. Ach, Papa.

90 Die Bluse klebte an ihrem Körper. Und weil es schon ganz
egal war, stand sie auf und zog Michel zur Tanzfläche. „Ich will
noch", sagte sie. Er nickte. Es war schon acht, als sie auf die
Uhr sah.

95 Sie schloß leise die Tür auf. Aus dem Wohnzimmer drang das
Geräusch des Fernsehers. Halb neun vorbei. Da ging die
Wohnzimmertür auf. Der Vater betrachtete sie von oben bis
unten, machte zwei Schritte auf sie zu und holte aus. Eva
starrte ihn an. Die Ohrfeige brannte auf ihrer Haut.

100 „Aber Fritz", sagte die Mutter hilflos, böse. „Warum soll sie
nicht mal länger wegbleiben? Sie ist doch schon fünfzehn."

„Ich will nicht, daß meine Tochter sich rumtreibt."

„Aber das heißt doch nicht rumtreiben, wenn sie mal bis halb
neun wegbleibt. Warum soll sie denn immer nur zu Hause

105 sitzen!?" Eva hörte die Verbitterung in der Stimme der
Mutter.

„So fängt es an", schrie der Vater. „Schau sie dir doch an, wie
sie aussieht!"

Eva ging wortlos in ihr Zimmer und schloß mit einem lauten

110 Knall die Tür hinter sich. Sie ließ sich auf das Bett fallen, auf
das weiche, sichere Bett, das Versprechen von Wärme und
Zuflucht, und weinte.

Die Mutter kam herein und setzte sich zu ihr auf den Bett-
rand. Hilflos streichelte sie Evas Rücken.

115 „Kind, er meint das nicht so, wirklich nicht. Er hat sich solche
Sorgen gemacht um dich. Sogar bei der Polizei hat er schon
angerufen, ob irgendwo ein Unfall gemeldet worden ist."

Eva schluchzte. Sie weinte laut, hemmungslos, wollte nichts
mehr verbergen, der Vater sollte es ruhig hören!

120 „Kind", sagte die Mutter, „Kind." Was anders fiel ihr auch
nicht ein!

Evas lautes Weinen ging in ein rhythmisches Schluchzen über,
langsamer, beruhigender. Sie vergrub sich in das Kopfkissen.
Ihr Gesicht brannte und fühlte sich verquollen an. Weinen,

125 weinen, nur noch weinen. Michel. Nichts verstand der Vater,
gar nichts. Nie hatte er irgend etwas verstanden.

Finde nun selbst
Erzählabschnitte
und Schlüssel-
wörter:

Eva lernte gerade: affligere, affligo, afflixi, afflictum, als Berthold ihre Tür öffnete. „Der Papa ist am Telefon", sagte er. „Für dich."

130 Eva ging ins Wohnzimmer und nahm den Hörer.

„Eva?" frage der Vater.

„Ja."

„Ich bin zu der Telefonzelle an der Ecke gegangen, weil ich mit dir sprechen wollte."

135 „Ja", sagte Eva.

„Ich hatte gestern wirklich Angst, daß dir etwas passiert ist." Eva schwieg. Aus der Küche drang das Klappern von Geschirr.

„Eva", sagte der Vater. „Die Ohrfeige gestern, die hätte ich

140 dir nicht geben sollen."

Eva preßte den Hörer fest an ihr Ohr. „Ich hätte ja auch anrufen können", sagte sie.

„Ja, hättest du."

„Aber das ging nicht. Ich war in einer Diskothek tanzen. Das

145 erste Mal."

„War es schön?"

„Ja. Sehr."

„Ich muß zurück ins Büro", sagte der Vater. „Also, das nächste Mal rufst du an, ja? Bis später."

150 „Bis später, Papa."

Eva ging in die Küche. „Mama, soll ich für dich einkaufen gehen?"

Sie mußte über das erstaunte Gesicht der Mutter lachen. Und sie lachte auch noch, als sie den schweren Einkaufskorb nach

155 Hause trug. Sie fühlte sich so leicht, so schwebend, sie wurde nur durch das Gewicht der Kartoffeln, der Äpfel und des Mehls auf der Erde gehalten. „So schlimm ist er nicht, mein Vater. Das soll ihm erst mal einer nachmachen, extra zur Telefonzelle gehen und anrufen!"

Mirjam Pressler, Der Anruf, aus: Bitterschokolade, Beltz Verlag, Weinheim und Basel 1980. Programm Beltz & Gelberg, Weinheim.

Vom Schlüsselwort zum verbundenen Satz

Wie du bei unserer Inhaltsangabe („Unverhofftes Wiedersehen") vielleicht gemerkt hast, müssen die Schlüsselwörter in Sätze gekleidet werden. Denke daran, daß dabei einige Schlüsselwörter genau übernommen, andere dagegen mit eigenen Worten wiedergegeben werden. Außerdem können Schlüsselwörter zusammengefaßt werden.

Im ersten Arbeitsschritt gelangen wir von den Schlüsselwörtern zu einfachen, aber noch unverbundenen Sätzen.

Im zweiten Arbeitsschritt verbinden wir diese und achten dabei auf eigene, vom Text unabhängige Formulierungen.

Wir zeigen dir solche Formulierungen an einem Ausschnitt des dir bekannten Textes „Der Anruf" von Mirjam Pressler (Zeile 1–45).

1. Arbeitsschritt: Schlüsselwort – Vorformulierung

Schlüsselwörter	Vorformulierung
Eva und Michel saßen – Milchbar – kommst du – Freizeitheim – Sommerfest – Eva zögerte – noch nie getanzt – außer mit Vater Walzer	Eva und Michel sitzen in der Milchbar. Er lädt sie ins Freizeitheim zum Sommerfest ein. Eva zögert. Sie hat noch nie getanzt. Nur mit ihrem Vater Walzer.
an Neujahr – Mutter – tanzten sie – Eva, jetzt bist du dran – aufgeregt – sie bewunderte Vater – sicher bewegte – sie fühlte sich tölpelhaft – ungeschickt – achte auf den Takt – laß dich führen – war ganz leicht – Eva fühlte sich leicht – glücklich	Die Eltern tanzen an Neujahr. Er fordert sie auf. Eva bewundert den Vater. Sie fühlt sich tölpelhaft und ungeschickt. Er weist sie auf den Takt hin. Sie läßt sich führen. Dann ist es leicht, und sie fühlt sich glücklich.
Michel zweifelnd – in Disko tanzt man keinen Walzer – Eva – schwer konnte das nicht sein	Michel hat Zweifel. In der Disko tanzt man andere Tänze. Sie stellt es sich nicht so schwer vor.

Übung 2

Verfahre mit den Schlüsselwörtern des restlichen Textes ebenso. (Vergleiche Lösungsheft S. 12.)

2. Arbeitsschritt: Vorformulierung – verbundener Satz

Diese einzelnen Sätze *verbinden* wir nun und achten dabei auf *eigene,* vom Text unabhängige *Formulierungen.*
Auch dies wollen wir dir an den ersten Erzählabschnitten der Erzählung „Der Anruf" zeigen:

Vorformulierung	**verbundene Sätze (Inhaltsangabe)**
Eva und Michel sitzen in der Milchbar. Er lädt sie ins Freizeitheim zum Sommerfest ein. Eva zögert. Sie hat noch nie getanzt. Nur mit ihrem Vater Walzer.	Eva sitzt mit Michel in der Milchbar. Er lädt sie ins Freizeitheim zum Sommerfest ein. Eva zögert, weil sie noch nie getanzt hat, außer Walzer mit ihrem Vater.
Die Eltern tanzen an Neujahr. Er fordert sie auf. Eva bewundert den Vater. Sie fühlt sich tölpelhaft und ungeschickt. Er weist sie auf den Takt hin. Sie läßt sich führen. Dann ist es leicht, und sie fühlt sich glücklich.	Nachdem Vater mit Mutter an Neujahr getanzt hat, fordert er auch Eva auf. Sie ist aufgeregt und bewundert seine Tanzkunst. Beim Walzer stellt sie sich anfänglich sehr ungeschickt an. Durch den Hinweis auf den Takt und durch seine gute Führung gewinnt sie zusehends an Sicherheit und fühlt sich wohl dabei.
Michel hat Zweifel. In der Disko tanzt man andere Tänze. Sie stellt es sich nicht so schwer vor.	Obwohl Michel sie zweifelnd darauf hinweist, daß in der Disko anders getanzt wird, stellt sie es sich nicht so schwer vor.

Bindewörter

Eine wichtige Aufgabe ist also das Verbinden der kurzen, einfachen Sätze der Vorformulierung.

Beispiele:

Die Eltern tanzen an Neujahr. Er fordert sie auf.	*Nachdem* Vater mit Mutter an Neujahr getanzt hat, fordert er auch Eva auf.
Michel hat Zweifel. In der Disko tanzt man andere Tänze. Sie stellt es sich nicht so schwer vor.	*Obwohl* Michel sie zweifelnd darauf hinweist, daß in einer Disko anders getanzt wird, stellt sie es sich dennoch nicht so schwer vor.

Diese und die folgenden **Bindewörter** (eine Auswahl) können dir helfen, Sätze zu verbinden:
weil, deshalb, dennoch, aber, doch, so, indem, daß ...

Zeitliche Abläufe können zusammengefaßt werden mit:
während, bis später, nach (Tag, Woche, Monate, Jahre, einer Weile usw.), daraufhin, anschließend, schließlich, endlich, gegen Ende, zum Schluß, nachdem …

Zusammenfassung

Als Zusammenfassung der bisher angesprochenen Merkmale und Hilfe für weitere Übungen geben wir dir nun einen Merkkasten:

> **Inhaltsangabe**
>
> - mehrmals den Text genau durchlesen
> - Textart, wenn möglich, nennen (z. B. Kurzgeschichte, Erzählung)
> - das Wichtigste unterstreichen (Schlüsselwörter)
> - Abschnitte und Erzählschritte erkennen (Erzählabschnitte)
> - Inhalt so kurz wie möglich zusammenfassen (Vorformulierung)
> - Inhalt möglichst mit eigenen Worten wiedergeben (verbundene Sätze)
> - sachlicher Stil (nicht spannend)
> - keine wörtliche Rede
> - Zeitstufe: Präsens
> - falls Ich-Form, diese nicht übernehmen

Übung 3   Fertige nun anhand des Merkkastens und der vorangegangenen Erkenntnisse eine Inhaltsangabe der Erzählung „Der Anruf" von Mirjam Pressler (Text S. 29–32).
Vergleiche anschließend deine Lösung mit unserem Vorschlag im Lösungsheft S. 12/13.

Zusatz

Eine Inhaltsangabe kann aber auch erweitert werden. Durch eine **Einleitung,** den Hauptteil und einen **Schluß** kann eine **Dreiteilung** erfolgen.

In der **Einleitung** erhält der Leser genauere Informationen über den Verfasser und die Entstehung des Textes. Er erfährt auch kurz den Inhalt der Geschichte.

Im **Schlußteil** sollst du dir überlegen, was der Verfasser mit diesem Text ausdrücken will und wie *du* zu dem Text stehst.

Einleitung – Schluß

Einleitung: – Verfasser
                (Lebensdaten, Ausbildung, die wichtigsten
                Werke – soweit bekannt bzw. nachzulesen)
                – Entstehungsjahr des Textes
                (z. B. geschichtliche Einordnung, Bezug zum
                Leben des Verfassers)
                – kurze Zusammenfassung des Textes in ein
                bis zwei Sätzen
                (der Leser soll über den Kern der Geschichte
                kurz vorinformiert werden)

Schluß: – Deutung des Textes
                (Was will der Verfasser wohl ausdrücken?)
                – persönliche Stellungnahme
                (Was hat mir gefallen – nicht gefallen? –
                Begründung. Denke dabei z. B. auch an be-
                stimmte Formulierungen, Thema, Spannung,
                Länge, Aussage.)

Übung 4   Formuliere nun mit Hilfe des erweiterten Merkkastens eine Einleitung
                und einen Schluß zu Mirjam Presslers „Der Anruf" (siehe Lösungsheft
                S. 13).

                Einige biographische Angaben zu Mirjam Pressler:
                – geb. 18. 6. 1940 in Darmstadt
                – Besuch der Hochschule für Bildende Künste in Frankfurt
                – lebt in München
                – schreibt vor allem Jugendbücher

Übung 5   Erprobe jetzt dein Können, indem du auch von der folgenden Kurzge-
                schichte eine Inhaltsangabe mit Einleitung und Schluß anfertigst.
                Versuche, nach dem genauen Durchlesen, die Fragen zu klären, die
                sich dem Text anschließen. Dort findest du auch eine Skizze. Zeichne
                ein, wer wo wohnt. Beides ist für das Verständnis der Kurzgeschichte
                und somit für deine Arbeit wichtig (siehe Lösungsheft S. 14).

                Biographische Hinweise zu Ilse Aichinger:
                – geb. am 1. 11. 1921 in Wien
                – lebt seit 1963 in der Nähe von Salzburg
                – schreibt Erzählungen, Gedichte, Hörspiele

Das Fenster-Theater

Die Frau lehnte am Fenster und sah hinüber. Der Wind trieb in leichten Stößen vom Fluß herauf und brachte nichts Neues. Die Frau hatte den starren Blick neugieriger Leute, die unersättlich sind. Es hatte ihr noch niemand den Gefallen getan, vor ihrem Haus niedergefahren zu werden. Außerdem wohnte sie im
5 vorletzten Stock, die Straße lag zu tief unten. Der Lärm rauschte nur mehr leicht herauf. Alles lag zu tief unten. Als sie sich eben vom Fenster abwenden wollte, bemerkte sie, daß der Alte gegenüber Licht angedreht hatte. Da es noch ganz hell war, blieb dieses Licht für sich und machte den merkwürdigen Eindruck, den aufflammende Straßenlaternen unter der Sonne machen. Als hätte einer an
10 seinen Fenstern die Kerzen angesteckt, noch ehe die Prozession die Kirche verlassen hat. Die Frau blieb am Fenster.
Der Alte öffnete und nickte herüber. Meint er mich? dachte die Frau. Die Wohnung über ihr stand leer und unterhalb lag eine Werkstatt, die um diese Zeit schon geschlossen war. Sie bewegte leicht den Kopf. Der Alte nickte wieder.Er
15 griff sich an die Stirne, entdeckte, daß er keinen Hut aufhatte, und verschwand im Zimmer.
Gleich darauf kam er in Hut und Mantel wieder. Er zog den Hut und lächelte. Dann nahm er ein weißes Tuch aus der Tasche und begann zu winken. Erst leicht und dann immer eifriger. Er hing über die Brüstung, daß man Angst
20 bekam, er würde vornüberfallen. Die Frau trat einen Schritt zurück, aber das schien ihn nur zu bestärken. Er ließ das Tuch fallen, löste seinen Schal vom Hals – einen großen bunten Schal – und ließ ihn aus dem Fenster wehen. Dazu lächelte er. Und als sie noch einen weiteren Schritt zurücktrat, warf er den Hut mit einer heftigen Bewegung ab und wand den Schal wie einen Turban um
25 seinen Kopf. Dann kreuzte er die Arme über der Brust und verneigte sich. Sooft er aufsah, kniff er das linke Auge zu, als herrsche zwischen Ihnen ein geheimes Einverständnis. Das bereitete ihr so lange Vergnügen, bis sie plötzlich nur mehr seine Beine in dünnen, geflickten Samthosen in die Luft ragen sah. Er stand auf dem Kopf. Als sein Gesicht gerötet, erhitzt und freundlich wieder auftauchte,
30 hatte sie schon die Polizei verständigt.
Und während er in ein Leintuch gehüllt, abwechselnd an beiden Fenstern erschien, unterschied sie schon drei Gassen weiter über dem Geklingel der Straßenbahnen und dem gedämpften Lärm der Stadt das Hupen des Überfallautos. Denn ihre Erklärung hatte nicht sehr klar und ihre Stimme erregt geklun-
35 gen. Der alte Mann lachte jetzt, so daß sich sein Gesicht in tiefe Falten legte, streifte dann mit einer vagen Gebärde darüber, wurde ernst, schien das Lachen eine Sekunde lang in der hohlen Hand zu halten und warf es dann hinüber. Erst als der Wagen schon um die Ecke bog, gelang es der Frau, sich von seinem Anblick loszureißen.
40 Sie kam atemlos unten an. Eine Menschenmenge hatte sich um den Polizeiwa-gen gesammelt. Die Polizisten waren abgesprungen, und die Menge kam hinter

ihnen und der Frau her. Sobald man die Leute zu verscheuchen suchte, erklärten
sie einstimmig, in diesem Hause zu wohnen. Einige davon kamen bis zum
letzten Stock mit. Von den Stufen beobachteten sie, wie die Männer, nachdem
45 ihr Klopfen vergeblich blieb und die Glocke allem Anschein nach nicht funktio-
nierte, die Tür aufbrachen. Sie arbeiteten schnell und mit einer Sicherheit, von
der jeder Einbrecher lernen konnte. Auch in dem Vorraum, dessen Fenster auf
den Hof sahen, zögerten sie nicht eine Sekunde. Zwei von ihnen zogen die
Stiefel aus und schlichen um die Ecke. Es war inzwischen finster geworden. Sie
50 stießen an einen Kleiderständer, gewahrten den Lichtschein am Ende des
schmalen Ganges und gingen ihm nach. Die Frau schlich hinter ihnen her.
Als die Tür aufflog, stand der alte Mann mit dem Rücken zu ihnen gewandt noch
immer am Fenster. Er hielt ein großes weißes Kissen auf dem Kopf, das er
immer wieder abnahm, als bedeutete er jemandem, daß er schlafen wolle. Den
55 Teppich, den er vom Boden genommen hatte, trug er um die Schultern. Da er
schwerhörig war, wandte er sich auch nicht um, als die Männer schon knapp
hinter ihm standen und die Frau über ihn hinweg in ihr eigenes finsteres Fenster
sah.
Die Werkstatt unterhalb war, wie sie angenommen hatte, geschlossen. Aber in
60 die Wohnung oberhalb mußte eine neue Partei eingezogen sein. An eines der
erleuchteten Fenster war ein Gitterbett geschoben, in dem aufrecht ein kleiner
Knabe stand. Auch er trug sein Kissen auf dem Kopf und die Bettdecke um die
Schultern. Er sprang und winkte herüber und krähte vor Jubel. Er lachte, strich
mit der Hand über das Gesicht, wurde ernst und schien das Lachen eine
65 Sekunde lang in der hohlen Hand zu halten. Dann warf er es mit aller Kraft den
Wachleuten ins Gesicht.

Ilse Aichinger, Der Gefesselte: „Fenster-Theater"
Copyright 1954 S. Fischer Verlag, Frankfurt am Main

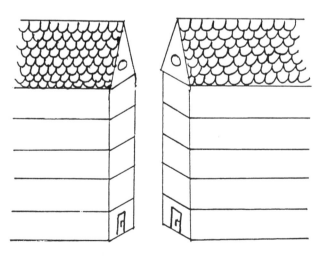

Fragen zum Text:

– Wer wohnt wo? (Skizze)
– Wie fühlt sich die alte Frau?
– Für wen spielt der alte Mann?
– Warum informiert die Frau die
  Polizei?
– Was bedeutet ... „Lachen ins
  Gesicht werfen"?

Kennzeichne in den Häusern,
wer wo wohnt:
Mann, Frau und Kind.
Zeichne ebenfalls ein,
wo sich die Werkstatt befindet.

Übung 6 Zur Geschichte „Das Bettelweib von Locarno" von Heinrich von Kleist findest du anschließend eine von einer Schülerin gefertigte Inhaltsangabe. Lies diese Arbeit genau durch und achte dabei auf folgende Punkte:
– Ist die Einleitung vollständig? (Siehe Merkkasten S. 35.)
– Ist die Erzählzeit eingehalten?
– Wurde die wörtliche Rede umgeformt?
– Gibt es inhaltliche Fehler?
– Was hältst du von der Wertung?

(Siehe Lösungsheft S. 15/16.)

Das Bettelweib von Locarno

Am Fuße der Alpen, bei Locarno im oberen Italien, befand sich ein altes, einem Marchese gehöriges Schloß, das man jetzt, wenn man vom St. Gotthard kommt, in Schutt und Trümmern liegen sieht: ein Schloß mit hohen und weitläufigen Zimmern, in deren einem einst, auf Stroh, das man ihr unterschüttete, eine alte
5 kranke Frau, die sich bettelnd vor der Tür eingefunden hatte, von der Hausfrau aus Mitleiden gebettet worden war. Der Marchese, der, bei der Rückkehr von der Jagd, zufällig in das Zimmer trat, wo er seine Büchse abzusetzen pflegte, befahl der Frau unwillig, aus dem Winkel, in welchem sie lag, aufzustehen, und sich hinter den Ofen zu verfügen. Die Frau, da sie sich erhob, glitschte mit der
10 Krücke auf dem glatten Boden aus, und beschädigte sich, auf eine gefährliche Weise, das Kreuz; dergestalt, daß sie zwar noch mit unsäglicher Mühe aufstand und quer, wie es vorgeschrieben war, über das Zimmer ging, hinter den Ofen aber, unter Stöhnen und Ächzen, niedersank und verschied.
Mehrere Jahre nachher, da der Marchese, durch Krieg und Mißwachs, in
15 bedenkliche Vermögensumstände geraten war, fand sich ein florentinischer Ritter bei ihm ein, der das Schloß, seiner schönen Lage wegen, von ihm kaufen wollte. Der Marchese, dem viel an dem Handel gelegen war, gab seiner Frau auf, den Fremden in dem obenerwähnten, leerstehenden Zimmer, das sehr schön und prächtig eingerichtet war, unterzubringen. Aber wie betreten war das
20 Ehepaar, als der Ritter mitten in der Nacht, verstört und bleich, zu ihnen herunterkam, hoch und teuer versichernd, daß es in dem Zimmer spuke, indem etwas, das dem Blick unsichtbar gewesen, mit einem Geräusch, als ob es auf Stroh gelegen, im Zimmerwinkel aufgestanden, mit vernehmlichen Schritten, langsam und gebrechlich, quer über das Zimmer gegangen, und hinter dem
25 Ofen, unter Stöhnen und Ächzen, niedergesunken sei.

Der Marchese erschrocken, er wußte selbst nicht recht warum, lachte den Ritter
mit erkünstelter Heiterkeit aus, und sagte, er wolle sogleich aufstehen, und die
Nacht zu seiner Beruhigung, mit ihm in dem Zimmer zubringen. Doch der
Ritter bat um die Gefälligkeit, ihm zu erlauben, daß er auf einem Lehnstuhl, in
30 seinem Schlafzimmer übernachte, und als der Morgen kam, ließ er anspannen,
empfahl sich und reiste ab.
Dieser Vorfall, der außerordentliches Aufsehen machte, schreckte auf eine dem
Marchese höchst unangenehme Weise, mehrere Käufer ab; dergestalt, daß, da
sich unter seinem eigenen Hausgesinde, befremdend und unbegreiflich, das
35 Gerücht erhob, daß es in dem Zimmer, zur Mitternachtsstunde, umgehe, er, um
es mit einem entscheidenden Verfahren niederzuschlagen, beschloß, die Sache
in der nächsten Nacht selbst zu untersuchen. Demnach ließ er, beim Einbruch
der Dämmerung, sein Bett in dem besagten Zimmer aufschlagen, und erharrte,
ohne zu schlafen, die Mitternacht. Aber wie erschüttert war er, als er in der Tat,
40 mit dem Schlage der Geisterstunde, das unbegreifliche Geräusch wahrnahm; es
war, als ob ein Mensch sich von Stroh, das unter ihm knisterte, erhob, quer über
das Zimmer ging, und hinter dem Ofen, unter Geseufz und Geröchel niedersank. Die Marquise, am andern Morgen, da er herunterkam, fragte ihn, wie die
Untersuchung abgelaufen; und da er sich, mit scheuen und ungewissen Blicken,
45 umsah, und, nachdem er die Tür verriegelt, versicherte, daß es mit dem Spuk
seine Richtigkeit habe: so erschrak sie, wie sie in ihrem Leben nicht getan, und
bat ihn, bevor er die Sache verlauten ließe, sie noch einmal, in ihrer Gesellschaft, einer kaltblütigen Prüfung zu unterwerfen. Sie hörten aber, samt einem
treuen Bedienten, den sie mitgenommen hatten, in der Tat, in der nächsten
50 Nacht, dasselbe unbegreifliche, gespensterartige Geräusch; und nur der dringen-
de Wunsch, das Schloß, es koste was es wolle, loszuwerden, vermochte sie, das
Entsetzen, das sie ergriff, in Gegenwart ihres Dieners zu unterdrücken, und dem
Vorfall irgendeine gleichgültige und zufällige Ursache, die sich entdecken lassen
müsse, unterzuschieben. Am Abend des dritten Tages, da beide, um der Sache
55 auf den Grund zu kommen, mit Herzklopfen wieder die Treppe zu dem
Fremdenzimmer bestiegen, fand sich zufällig der Haushund, den man von der
Kette losgelassen hatte, vor der Tür desselben ein; dergestalt, daß beide, ohne
sich bestimmt zu erklären, vielleicht in der unwillkürlichen Absicht, außer sich
selbst noch etwas Drittes, Lebendiges, bei sich zu haben, den Hund mit sich in
60 das Zimmer nahmen. Das Ehepaar, zwei Lichter auf dem Tisch, die Marquise
unausgezogen, der Marchese Degen und Pistolen, die er aus dem Schrank
genommen, neben sich, setzen sich, gegen elf Uhr, jeder auf sein Bett; und
während sie sich mit Gesprächen, so gut sie vermögen, zu unterhalten suchen,
legt sich der Hund, Kopf und Beine zusammengekauert, in der Mitte des
65 Zimmers nieder und schläft ein. Drauf, in dem Augenblick der Mitternacht, läßt
sich das entsetzliche Geräusch wieder hören; jemand, den kein Mensch mit
Augen sehen kann, hebt sich, auf Krücken, im Zimmerwinkel empor; man hört
das Stroh, das unter ihm rauscht; und mit dem ersten Schritt: tapp! tapp!

erwacht der Hund, hebt sich plötzlich, die Ohren spitzend, vom Boden empor,
70 und knurrend und bellend, grad als ob ein Mensch auf ihn eingeschritten käme,
rückwärts gegen den Ofen weicht er aus. Bei diesem Anblick stürzt die Marquise,
mit sträubenden Haaren, aus dem Zimmer; und während der Marquis, der, den
Degen ergriffen: wer da? ruft, und da ihm niemand antwortet, gleich einem
Rasenden, nach allen Richtungen die Luft durchhaut, läßt sie anspannen,
75 entschlossen, augenblicklich, nach der Stadt abzufahren. Aber ehe sie noch
einige Sachen zusammengepackt und aus dem Tore herausgerasselt, sieht sie
schon das Schloß ringsum in Flammen aufgehen. Der Marchese, von Entsetzen
überreizt, hatte eine Kerze genommen, und dasselbe, überall mit Holz getäfelt,
wie es war, an allen vier Ecken, müde seines Lebens, angesteckt. Vergebens
80 schickte sie Leute hinein, den Unglücklichen zu retten; er war auf die elendig-
lichste Weise bereits umgekommen, und noch jetzt liegen, von den Landsleuten
zusammengetragen, seine weißen Gebeine in dem Winkel des Zimmers, von
welchem er das Bettelweib von Locarno hatte aufstehen heißen.

Heinrich von Kleist, Das Bettelweib von Locarno, aus: Sämtliche Werke und Briefe, Bd. 2, Carl
Hanser Verlag, München 1977, S. 196–198.

Schülerarbeit

Inhaltsangabe

Das Bettelweib von Locarno

Der Autor Heinrich von Kleist wurde 1777 in Frankfurt/Oder geboren. 1810
brachte er die Tageszeitung „Berliner Abendblätter" heraus, in der man am 11.
Oktober 1810 die Geschichte „Das Bettelweib von Locarno" lesen konnte.
Die Geschichte erzählt von einem Bettelweib, das bei Locarno im alten Schloß
5 des Marchese, welches heute von St. Gotthard aus als Ruine zu sehen ist, aus
Mitleid in einem Zimmer auf Stroh gebettet wird. Gerade in dieses Zimmer
muß der Marchese eintreten und verweist die Frau hinter den Ofen. Die Alte
stand auf, rutschte mit der Krücke aus und verletzte sich so schwer, daß sie nur
noch bis zum Ofen kommt und stirbt.
10 Jahre danach will ein Ritter das Schloß kaufen. Er schläft, ohne es zu ahnen, in
dem Zimmer, in dem die Alte verstorben ist. Nachts kommt er kreidebleich die
Treppe herunter und schreit: „In dem Zimmer spukt es!" Er habe ein Stöhnen
vernommen. Der Ritter schläft in einem anderen Zimmer, und am nächsten
Morgen reist er ab. Niemand will das Schloß nach diesem Vorfall mehr kaufen.
15 Daraufhin beschließt der Marchese, die Sache in der nächsten Nacht selbst zu
untersuchen. Punkt 12.00 Uhr hört er wieder Schritte, Rascheln und Stöhnen.
Der Marchese kommt am anderen Morgen herunter und sagt: „Das mit dem
Spuk stimmt." Danach gehen die zwei, der Diener und der Haushund, mit in
das Zimmer. Punkt 12.00 Uhr hören sie wieder Schritte, Rascheln und Stöhnen.

20 Die Marquise rennt aus dem Zimmer, packt einige Sachen und fährt alleine fort,
während der Marchese noch im Zimmer bleibt. Als sie sich umdreht, sieht sie
das Schloß in Flammen aufgehen, das sie selbst angezündet hat. Sie schickt
immer wieder Leute in das Schloß, um den Marchese zu retten, doch vergebens.
Seine Gebeine liegen in dem Winkel, aus dem er damals das Bettelweib von
25 Locarno vertrieben hat.

Der Autor Heinrich von Kleist wollte damit sagen, daß man alte Leute nicht
plagen sollte, sonst könnte einem auch etwas passieren.

(Gabi U., 14 Jahre)

Texte, die sich für weitere Inhaltsangaben anbieten:

– *Martin Selber: Hanna und Elisabeth*
– *Bertolt Brecht: Der Augsburger Kreidekreis*
– *Luise Rinser: Die rote Katze*
– *Heinrich Böll: Die Waage der Baleks*
– *Günther Weisenborn: Zwei Männer*
– *Heinz Piontek: Bruder und Bruder*
– *Anton Tschechow: Ein Scherz*
– *Rainer Kunze: Fünfzehn*
– *Stig Dagermann: Ein Kind töten*
– *Wolfdietrich Schnurre: Die Leihgabe*

Kapitel 3

Beschreibung

3.1 Gegenstandsbeschreibung

Vom Wort „Beschreibung" ausgehend ist es wohl offensichtlich, daß du nicht ‚phantasieren' bzw. ‚erzählen' sollst, sondern etwas beschreiben mußt.

‚Beschreiben' kannst du:

was du siehst:	was du tust bzw. tun sollst:
– Gegenstände	– Vorgänge
– Bilder	– Arbeitsanweisungen
– Personen	– Spielregeln.
– Tiere	
– Pflanzen.	

Das Ziel einer Beschreibung muß sein, daß der Leser sich z. B. von einem Gegenstand eine genaue Vorstellung machen oder ihn sogar zeichnen kann. Ein Vorgang muß auf Grund deiner Beschreibung nachvollziehbar sein (z. B. ein Kochrezept oder eine Bastelarbeit). Dies setzt eine möglichst **genaue** Beschreibung durch treffende Ausdrücke voraus.

Die folgenden Übungen sollen dir dabei helfen, eine Sammlung solcher Wörter anzulegen.

Wortsammlung

Übung 1

Benütze nicht immer die Wörter ‚ist', ‚hat' oder ‚befestigt'.
Suche statt dessen andere Wörter: angeschraubt, . . .

Finde ebenfalls weitere Wörter für:

sieht man:	entdeckt man, …
örtlich:	unterhalb, …
Form:	rundlich, eiförmig, … (vergleiche auch mit Formen und Gegenständen, z. B. Ei – eiförmig, Trapez – trapezförmig)
Farben:	rot: orangerot, … grün: giftgrün, … gelb: zitronengelb, … braun: nußbraun, … blau: himmelblau, … schwarz: kohlschwarz, … weiß: schneeweiß, … rosa: pink, … orange: hellorange, … violett: lila, …
Technik:	Öl, …

Benütze als Ergänzung deiner Liste unsere Wortsammlung im Lösungsheft S. 17.

Reihenfolge und Fachausdrücke bei einer Beschreibung

Als erstes mußt du dir über die Reihenfolge im klaren sein, wie du bei einer Beschreibung vorgehst. Du kannst z. B. von oben nach unten, von vorne nach hinten oder von links nach rechts (oder jeweils umgekehrt) vorgehen.
Benutze – wenn immer möglich – Fachausdrücke. (Informiere dich in einem Nachschlagewerk oder Fachbuch, wenn nötig.)

Zum Beispiel bei einem Fahrrad: nicht nur Gangschaltung – sondern genauer: 5-Gang-Kettenschaltung
nicht nur Bremse – sondern genauer: Alu-Felgenbremse

Übung 2   Setze in der folgenden Gegenstandsbeschreibung die Unterstreichung von wichtigen Merkmalen und Einzelheiten fort, die deiner Meinung nach für die Beschreibung und damit Vorstellung des Fahrrades wichtig sind.

Damen-Leichtlauf-Sportrad

5-Gang-Kettenschaltung, franz. Lenker,
VR + HR-alu-Felgenbremsen,
Lichtanlage,
Sattel gefedert,
Weißwand-Bereifung,
Speicherreflektoren,
in vielen Pastellfarben

Es handelt sich um ein Damen-Leichtlauf-Sportrad mit Alu-Rahmen. Im Gegensatz zum Herrenfahrrad besitzt das Damenfahrrad keine Querstange. Dies erleichtert das Aufsteigen.

Es hat einen französischen Lenker (jeweils seitlich leicht nach oben geschwun-
5 gen). Links befindet sich die Fahrradglocke, in der Mitte ist die 5-Gang-Kettenschaltung befestigt und rechts kann man eine Vorderrad-Hinterrad-Felgenbremse bedienen (kein Rücktritt). Die beiden Griffe sind aus dunklem Kunststoff.

Unterhalb des Lenkers ist am Rahmen über dem Radschutz des Vorderrades
10 eine abgeflachte sechseckige Lampe angebracht. Sie wird mit Hilfe eines Dynamos betrieben, der an der rechten vorderen Gabel befestigt ist.

Weißwandbereifung und Speicherreflektoren an beiden Rädern sorgen für erhöhte Sicherheit der Fahrerin bzw. des Fahrers.

Zur weiteren Sicherheit tragen der schwarze Kettenschutz und die Reflektoren
15 an den Pedalen bei.

Auch das Hinterrad hat einen Radschutz, an dem an der Rückseite Katzenaugen bzw. Rücklicht befestigt sind. Zusätzliche Sicherheit schafft ein am Radschutz angebrachtes halbkreisförmiges Netz. Über dem Radschutz des Hinterrades befindet sich ein Gepäckträger. Unterhalb des gefederten Sattels erkennt man
20 eine kleine Werkzeugtasche, am Rahmen ist eine Luftpumpe festgeklemmt.

Zum Abstellen dient ein Fahrradständer, der an der linken Seite auszuklappen ist.

Es handelt sich hier um ein verkehrssicheres, sportliches Fahrrad.

Anhand der unterstrichenen Wörter erkennst du die Reihenfolge, in der wir bei unserer Beschreibung vorgegangen sind.
Bei unserem Beispiel bot sich folgende Reihenfolge an:
Gesamtansicht – vorne oben (Lenker) – nach unten (Vorderrad) – nach hinten (Kette – Hinterrad) – nach oben (Netz – Gepäckträger) – Sattel.

Die Reihenfolge ist vom jeweiligen Gegenstand abhängig. Sie läßt sich deshalb nicht von vornherein festlegen. Möglichkeiten des Vorgehens wären:

Reihenfolge a) Mit Größe, Form und Farbe beginnen, anschließend die Einzelheiten in einer sinnvollen Reihenfolge beschreiben.
(Die Angaben über die Farben entfallen bei unseren Übungen, da wir nur Schwarz-weiß-Abbildungen benutzen.)
b) Zuerst hervorstechende Merkmale beschreiben, dann auf Einzelheiten eingehen.

Fachausdrücke Benutze, wo nur möglich, treffende Fachausdrücke. Informiere dich in Nachschlagewerken oder Fachbüchern.

Als nächstes wollen wir uns mit der ‚Sprache' der Beschreibung befassen. Sie ist ein wichtiger Bestandteil der Beschreibung.

Erzählsprache – Sachsprache

Zur Verdeutlichung haben wir dir die zwei Sprachformen gegenübergestellt.

Erzählsprache	**Sachsprache**
Abgebildet ist ein ganz tolles Damen-Leichtlauf-Sportrad. Ich machte meine Freundin auf den Alu-Rahmen aufmerksam: „Schau mal, dieser Alu-Rahmen. Was hältst du von diesem irren Lenker?" Sie war genauso begeistert und stellte sich schon vor, wie sie mit der am Lenker angebrachten Fahrradglocke die Leute erschreckte. Die 5-Gang-Schaltung und die Bremse waren weitere Gründe, uns für dieses Fahrrad zu entscheiden.	Es handelt sich um ein Damen-Leichtlauf-Sportrad mit Alu-Rahmen. Im Gegensatz zum Herrenfahrrad besitzt das Damenfahrrad keine Querstange. Dies erleichtert das Aufsteigen. Es hat einen französischen Lenker (jeweils seitlich leicht nach oben geschwungen). Links befindet sich die Fahrradglocke, in der Mitte ist die 5-Gang-Kettenschaltung befestigt und rechts kann man eine Vorderrad-Hinterrad-Felgenbremse bedienen (kein Rücktritt).

! **Erzählsprache:**	! **Sachsprache:**
– persönliche Meinung – Spannung, Stimmung, Gefühle – Handlung – ausschmückend – wörtliche Rede – längere Sätze möglich Zeit: Präteritum	– unpersönlich – genaue, sachliche Angaben – keine wörtliche Rede – möglichst kurze Sätze bilden Zeit: Präsens

Im folgenden Merkkasten sind alle wichtigen Merkmale noch einmal zusammengefaßt:

Gegenstandsbeschreibung

Reihenfolge
a) – mit Größe, Form und Farbe beginnen
– anschließend die Einzelheiten in einer sinnvollen Reihenfolge beschreiben
b) – zuerst hervorstechende Merkmale beschreiben
– dann die Einzelheiten

Fachausdrücke – benutze, wo nur möglich, treffende Fachausdrücke – informiere dich in Nachschlagewerken und Fachbüchern

Sachsprache – unpersönlich
– genaue, sachliche Angaben
– keine wörtliche Rede
– möglichst kurze Sätze bilden
– Zeit: Präsens

Für deine erste selbständige Gegenstandsbeschreibung haben wir ein Kinderfahrrad ausgewählt (siehe unten), weil du durch das Einstiegsbeispiel schon einige Merkmale und Fachausdrücke kennst.

Übung 3 Beschreibe das abgebildete Kinderfahrrad.
Arbeite mit dem Merkkasten S. 47. Achte auch auf die Angaben im Werbetext und die Reihenfolge.
Einen Lösungsvorschlag findest du im Lösungsheft S. 18.

Kinder-Fahrrad

mit abnehmbaren Stützrädern,
2 Felgenbremsen,
mit Lenker- und Gepäckkorb

Übung 4   Als weitere Übungsmöglichkeit bieten wir dir eine fehlerhafte Gegen-
standsbeschreibung an.
Unterstreiche die falschen, ungenauen oder überflüssigen Angaben.
Überprüfe, ob wichtige Angaben fehlen. Achte auf Reihenfolge und
Zeit.
Verbessere die Beschreibung unter den oben genannten Gesichts-
punkte. Schreibe eine überarbeitete Gegenstandsbeschreibung.
Im Lösungsheft findest du den Kommentar zu den falschen Angaben
(S. 18).

36-cm-Farb-Portable

*Tragbares Farbfernsehgerät
mit 36-cm-Quick-Start-Bildröhre,
Kabeltuner,
8-Programm-Speicher,
elektronisch gesteuerte Tastatur.*

Bei diesem Fernseher handelt es sich um einen 36-cm-Farb-Portable, d. h. um
einen mit einem 36 cm großen Bildschirm (gemessen in der Diagonale), der
tragbar ist.
Dieses Gerät hat eine fast quadratische Form.
Es ist grau und an einigen Stellen dunkler. Rechts sind die Tasten zum
Bedienen, und daneben befindet sich das Firmenzeichen.
Unter den Tasten liegt ein fast runder Lautsprecher.
Neben dem Lautsprecher befindet sich ein weißer Knopf zum Ein- und Aus-
schalten.
Der Fernseher steht auf einem Sockel mit einer Bedienungsleiste mit 4 Schal-
tern, mit denen man die Helligkeit, den Kontrast, die Lautstärke und die Farbe
verstellen kann. Das Gerät ist klein und handlich. Vor allem ist die Bildröhre
nicht so gebogen.

Weitere Themen zur Übung

Beschreibe:
– dein Telefon
– deine Schulmappe
– deine Armbanduhr
– deinen Kassettenrecorder

3.2 Bildbeschreibung

Bei der Gegenstandsbeschreibung stellten wir bereits fest, daß es das Ziel einer Beschreibung sein muß, sich eine **genaue Vorstellung** des Beschriebenen machen zu können.

In unserem jetzigen Fall muß man sich also eine Vorstellung von einem **Bild** machen können. Es ist aber nicht sinnvoll, daß *jede* Nebensächlichkeit des Bildes so beschrieben wird, daß man das Bild nachzeichnen könnte. Dies wäre bei Bildern, die sehr viel darstellen, zu schwierig, denn man würde sich in Einzelheiten verlieren.
Vielmehr geht es hier um den Gesamteindruck, den das Bild uns vermittelt, wobei die **wichtigsten Bildelemente** erfaßt werden müssen.

Wie findet man diese wichtigen Bildelemente?

Leitfragen

An dem folgenden Bildbeispiel „Dramatische Skizze" von Honoré Daumier (s. S. 51) wollen wir anhand von Leitfragen diese Bildelemente finden.

Übung 1   Formuliere zu unseren Leitfragen Antworten – so kurz wie möglich (Sätze – Stichwörter). Vorgegeben haben wir dir die Lösungssätze für a) und b). Verfahre bei c) und d) ebenso. (Vgl. im Lösungsheft S. 19.)

a) Wo befinden wir uns und was wird dargestellt?

– Das Bild zeigt eine Szene in einem Theater.

b) Wie ist der Blickwinkel? (Von welcher Stelle aus sehen wir auf das Geschehen?)

– Wir blicken von rechts hinten über die Zuschauer auf die Bühne.

c) In welcher Richtung kann beschrieben werden? (Einige Möglichkeiten: von links nach rechts, von oben nach unten, von vorne nach hinten und umgekehrt.)

Wir gehen von unten nach oben und haben das Bild in Drittel aufgeteilt.

Was ist dargestellt:

– im oberen Drittel? . . .
– im mittleren Drittel? . . .
– im unteren Drittel? . . .

Beschreibe in Stichworten den entsprechenden Ausschnitt.

d) Feineinteilung:

genaue Beschreibung der Bildausschnitte:

oberes Drittel:

– entfällt – keine Handlung

mittleres Drittel:

Was wird auf der Bühne dargestellt?

– . . .

Hinweis:

Achte auf die Haltung, Gestik und Kleidung der Frau und des stehenden Mannes.
Was drücken diese aus?
Was ist geschehen? (Mann am Boden)

unteres Drittel:

Wie sind die Zuschauer dargestellt? (Gesichter, Gestik)

– . . .

Honoré Daumier, Croquis dramatiques

Einleitung

Bei einer Gegenstandsbeschreibung entfällt die Dreiteilung in Einleitung, Hauptteil und Schluß, da der Gegenstand im Mittelpunkt steht.
Bei einer Bildbeschreibung dagegen ist eine Einleitung sinnvoll. Wir möchten ja mehr über den Künstler erfahren: Lebensdaten des Malers, Werke, Bedeutung, Titel, Technik und Maße des Bildes (schlage in Lexika und sonstigen Fachbüchern nach).
Auch das Thema und der Blickwinkel sind kurz zu beschreiben (s. Leitfragen S. 49/50).

> [!] – Vorstellung des Malers (Leben, Werk, Daten)
> – Titel des Bildes, Technik, Maße
> – Thema des Bildes (Gesamteindruck, Blickwinkel)

Wenn wir mehr über die Zeit erfahren, in der der Künstler lebt, seine Bedeutung, seine Lebensumstände und Vorstellungen, so gelingt uns eher eine Wertung des Bildes. Diese Wertung erfolgt im Schlußteil.

Schluß

Wir wollen in der **Deutung** folgende Frage beantworten: **Was will der Künstler** mit dieser Darstellung **ausdrücken?** (Manchmal hilft der Titel.)
Möglichkeiten: Kritik, Verdeutlichung, Spott, Stimmung (z. B. Freude, Trauer, Ruhe, Einsamkeit).
In der **Wertung** sollst du auf folgendes achten:
Wie **wirkt** das **Bild auf dich?**
Findest du es gelungen? Begründe deine Aussagen.

> [!] *persönliche Stellungnahme*
> – Deutung
> – Wertung

Hauptteil

Da in der Einleitung und im Schluß über den Maler und sein Werk geschrieben bzw. eine Wertung seines Werkes vorgenommen wird, beschreibt man im **Hauptteil** das Bild. Die Leitfragen (S. 49/50) helfen dir, ein Bild genau zu beschreiben.

> [!] *Grobeinteilung* – erste Eindrücke –
> a) Vorder-, Mittel-, Hintergrund
> b) oberes, mittleres, unteres Drittel
> c) von links nach rechts oder von oben nach unten (bzw. umgekehrt)
>
> *Feineinteilung* – Was ist im einzelnen dargestellt?

Sprache

Während wir bei der Gegenstandsbeschreibung die reine Sachsprache benützen (s. S. 46), verwenden wir bei der Bildbeschreibung Elemente aus der Sachsprache und der Erzählsprache. So sind auf der einen Seite genaue und sachliche Angaben nötig, auf der anderen Seite aber auch persönliche Eindrücke und Stimmungen zu beschreiben. Die Sätze können daher nicht immer kurz sein.
Die Zeit ist das Präsens.
Wir wollen auch für die Bildbeschreibung alle wichtigen Merkmale in einem Merkkasten zusammenfassen. Die obigen Merkmale zur Sprache haben wir hier eingefügt.

Bildbeschreibung

Einleitung	– Vorstellung des Malers (Leben, Werk, Daten) – Titel des Bildes, Technik, Maße – Thema des Bildes (Gesamteindruck, Blickwinkel)
Hauptteil	*Grobeinteilung* – erste Eindrücke – a) Vorder-, Mittel-, Hintergrund b) oberes, mittleres, unteres Drittel c) von links nach rechts oder von oben nach unten (bzw. umgekehrt) *Feineinteilung* – Was ist im einzelnen dargestellt? –
Schluß	*persönliche Stellungnahme* – Deutung – Wertung
Sprache der Bildbeschreibung	– genaue, sachliche Angaben – keine wörtliche Rede – Stimmungen, Gefühle und Handlungen beschreiben
Zeit	Präsens

Übung 2   Formuliere aus den stichwortartigen Hinweisen eine Einleitung:
Honoré Daumier: 1808 – 1879
Titel des Bildes: Dramatische Szene
Geburtsort: Marseille
bekannt durch Karikaturen (Zerrbilder), die er in Zeitungen veröffentlichte
Technik: Schwarz-weiß-Lithographie (Steindruck)
Werk: Entstehungsjahr 1864
Maße: 28 x 23
Denke bei deiner Einleitung auch an eine kurze Beschreibung des Dargestellten und den Blickwinkel.
(Vergleiche im Lösungsheft S. 20.)

Übung 3   Für den Hauptteil hast du die wesentlichen Bildelemente stichwortartig herausgeschrieben (s. Leitfragen S. 49/50).
Bilde daraus **vollständige** und **verbundene Sätze.** (Lege für diese Übung ein Blatt Papier neben das Buch.)

Beispiel: oberes Drittel:

eine dunkle Holzdecke	Im oberen Drittel des Bildes ist eine dunkle Holzdecke dargestellt.

mittleres Drittel:

rechter Teil der Bühne – Mann liegt rücklings auf dem Boden	Im rechten Teil der Bühne liegt ein wohl niedergestochener Mann lang ausgestreckt auf dem Rücken quer zur Bühne.

Diese vollständigen und verbundenen Sätze ergeben den Hauptteil dieser Bildbeschreibung. Vergleiche unseren Hauptteil im Lösungsheft S. 20.

Übung 4   Schreibe einen passenden Schluß zur Bildbeschreibung von Honoré Daumiers „Dramatischer Skizze". (Siehe Lösungsheft S. 21.)
Damit hast du schrittweise eine dreiteilige Bildbeschreibung erarbeitet.

Übung 5   Anhand des Merkkastens (S. 53) und der Hinweise (S. 56) sollst du nun eine Beschreibung des folgenden Bildes anfertigen.

Frans Masereel: Die Stadt

Hinweise   (für alle drei Teile):

Für die Einleitung:

Frans Masereel
geb. 1889 in Blankenberghe (Belgien)
bekannt durch Zeichnungen, Stiche und Holzschnitte,
sein Hauptthema war der Mensch „von heute".

Titel des Bildes: Die Stadt
aus der Sammlung: Die Stadt, Hundert Holzschnitte,
Hamburg, 1961 (diese Holzschnitte dürften aber aus den
20er Jahren stammen)
Technik: Holzschnitt im Hochformat

abschließend für die Einleitung: Gesamteindruck, Blickwinkel

Für den Hauptteil:

Grobeinteilung
– untere Hälfte: Treppe (U-Bahn?), Straße, Verkehr
– obere Hälfte: Hochhaussilhouette und Himmel

Hochbahn „teilt" das Bild in diese Hälften

Achte auf:
Menschen (Kleidung, Laufrichtung, Bildmittelpunkt,
unterschiedliche Größen-Perspektive), Bauten – Konstruktionen

Für den Schluß:

Achte hier auf:
Kontraste (denke an die Technik: Holzschnitt)
Wie wirkt das Bild auf dich?
(Vor allem die Menschen und die Architektur)

(Einen Lösungsvorschlag findest du im Lösungsheft S. 21/22.)

Übung 6   Eine weitere Übungsmöglichkeit bieten wir dir mit dem folgenden
Bild.

Hinweise zum Künstler und für die Einleitung findest du auf dieser
Seite oben.

(Zu diesem Bild gibt es keinen Lösungsvorschlag.)

Frans Masereel: Die Stadt

3.3 Personenbeschreibung

Auch bei der Personenbeschreibung gilt:
Man muß sich ein Bild von dem Beschriebenen machen können. Ein Gesamteindruck und die charakteristischen Merkmale müssen übermittelt werden.

Wie bei der Gegenstandsbeschreibung (S. 43) der Gegenstand, so steht hier die Person im Vordergrund. Auch hier ist, wie bei allen Beschreibungsarten, die **Reihenfolge** der Beschreibung wichtig.

Reihenfolge

Übung 1:   Bringe die folgende Auflistung von Wörtern in eine sinnvolle Reihen-
                 folge. Gehe vom Wichtigsten aus.
                 Ordne sie anhand des folgenden Bildes.

ungeordnet

Füße
Beine
Alter (geschätzt)
Hals
Geschlecht
Kopf (Form, Haare, Nase, ... –
       finde weitere Beschreibungs-
       kriterien)
Hände
Größe (geschätzt)
Arme

geordnet

. . .

Bei unserem Beispiel hast du sicher gemerkt, daß Beine und Füße nicht zu sehen sind. Gehe also nur auf das ein, was du sehen kannst. Alter und Größe können geschätzt werden.

Zeit

Auch hier wird, wie bei allen Beschreibungen, das **Präsens** verwendet.
Somit ergeben sich für die Personenbeschreibung folgende Einteilung und Reihenfolge
der wichtigen Merkmale:

Personenbeschreibung

Reihenfolge	*Grobeinteilung*
	– Alter
	– Größe
	– Geschlecht
	– Gesamteindruck
	Feineinteilung
	(von oben nach unten)
	– Kopf (Form, Haare, Bart, Gesicht, Augen,
	Ohren, Nase, Mund, Zähne, Kinn)
	– Hals
	– Rumpf
	– Arme, Hände
	– Beine, Füße
	– Gestalt
	– Gang, Haltung
Sprache	– genaue, sachliche Angaben
	– keine wörtliche Rede
Zeit	Präsens

Übung 2   Fertige eine Beschreibung der jungen Frau auf S. 58 anhand des
Merkkastens an. Verbessere sie erst *nach* den folgenden Wortschatz-
übungen (Übungen 3–5), bei denen du viele neue Ausdrücke kennen-
lernen wirst. Eine ausführliche Übung, die an Übung 2 anschließt, folgt
später. Dann kannst du auch deinen Lernerfolg überprüfen.

Wortfelder

Übung 3   Setze die folgenden Wortfelder fort. Suche dabei Adjektive und No-
men. (Vergleiche im Lösungsheft S. 22–24.)

Lege dazu ein Blatt Papier neben das Buch und ergänze anschließend, falls möglich, unsere Liste im Lösungsheft mit deinen Beispielen.

Kopf:	viereckig, oval, ...
Haar:	Farbe: mittelblond, strohblond, ...
	Wuchs: dicht, dünn, ...
	Schnitt: Bubikopf, Pagenkopf, ...
	Scheitel: links, rechts, ...
	Frauen: Pferdeschwanz, Knoten, ...
	Männer: Beatle-Frisur, Messerschnitt, ...
Bart:	Vollbart, Backenbart, ...
Gesicht:	Form: oval, rund, ...
	Stirn: fliehend, niedrig, ...
	Hautfarbe: fahl, bleich, ...
Augen:	Farbe: blau, blaugrün, ...
	Form: rund, oval, ...
	Blick: starr, offen, ...
	Augenlider: schwer, gerötet, ...
	Wimpern: lang, seidig, ...
	Augenbrauen: bogenförmig, geschwungen, ...
Ohren:	klein, groß, ...
Nase:	groß, dick, ...
Mund:	klein, winzig, ...
Zähne:	regelmäßig, vollständig, ...
Lippen:	schmal, wulstig, ...
Kinn:	rund, eckig, ...
Hals:	kurz, lang, ...
Arme:	kurz, lang, ...
Hände:	gepflegt, schmal, ...
Beine:	kurz, lang, ...
Füße:	groß, klein, ...
Gestalt:	stark, kräftig, ...
Gang und Haltung:	aufrecht, sportlich, ...
Kleidung:	Kleidungsstücke einzeln: Form, Farbe, Material, Zustand usw.
	Beispiele: Hose: eng, taubenblau, ...
	Bluse: langärmlig, rot geblümt, ...

Übung 4

Wir haben dir zwei Ausschnitte aus literarischen Texten ausgesucht, in denen Personen beschrieben werden. Nicht nur „aufsatzgeplagte" Schüler, sondern auch Schriftsteller fertigen häufig Personenbeschreibungen.

Unterstreiche in den Texten Ausdrücke, die die jeweilige Person näher beschreiben. Schreibe diese Wörter heraus und ordne sie in die entsprechenden Kategorien deiner Wortsammlungen ein (s. Übung 3).

Ausschnitt aus: *Der Tod in Venedig*
von Thomas Mann

Gustav von Aschenbach war etwas unter Mittelgröße, brünett, rasiert. Sein Kopf erschien ein wenig zu groß im Verhältnis zu der fast zierlichen Gestalt. Sein rückwärts gebürstetes Haar, am Scheitel gelichtet, an den Schläfen sehr voll und stark ergraut, umrahmte eine hohe, zerklüftete und gleichsam narbige Stirn. Der Bügel einer Goldbrille mit randlosen Gläsern schnitt in die Wurzel der gedrungenen, edel gebogenen Nase ein. Der Mund war groß, oft schlaff, oft plötzlich schmal und gespannt; die Wangenpartie mager und gefurcht, das wohlausgebildete Kinn weich gespalten.

Fischer Taschenbuch Verlag, Frankfurt a. M. 1987, S. 21

Ausschnitt aus: *Der Fluch des Hauses Dain*
von Dashiell Hammett

Seine Stimme war unerwartet grob und rauh, obwohl er sonst durchaus freundlich war. Er war Mitte vierzig, von dunkler Hautfarbe, aufrechter Haltung, muskulös schlanker Figur und mittlerer Größe. Er wäre ein gutaussehender Mann gewesen, wenn sein braunes Gesicht nicht so tief von scharfen, strengen Falten quer über die Stirn und von den Nasenflügeln über die Mundwinkel hinab gezeichnet gewesen wäre. Dunkles Haar, ziemlich lang, fiel lockig über und um die breite, gefurchte Stirn. Hinter einer Hornbrille leuchteten rotbraune Augen ungewöhnlich hell. Seine Nase war lang, schmal, mit stark gebogenem Rücken. Die Lippen über einem kleinen, knochigen Kinn waren schmal, fein geschnitten, ungemein lebendig. Die Kleidung, schwarz und weiß, war gut gearbeitet und gepflegt.

Diogenes Verlag, Zürich 1976, S. 12

Vermeide ‚haben‘ und ‚sein‘

Bei vielen Schülerarbeiten fiel uns auf, daß eine Hauptschwierigkeit der Personenbeschreibung auch bei der Wahl der treffenden Verben lag.
Wir wollen dir an drei Beispielen zeigen, wie man die Verben ‚haben‘ und ‚sein‘ durch passendere ersetzen kann.

Sie *hat* ein ausgeprägtes Kinn.	Ihr ausgeprägtes Kinn *verleiht* dem Gesicht ein markantes *Profil.*
Er *ist* kräftig gebaut.	Seine kräftige Statur *fällt auf.*
Er *hat* einen kleinen Bauch und *ist* auch sonst recht wohlgenährt.	Seine recht wohlgenährte Gestalt *wirkt* durch seinen hervorstehenden Bauch noch massiger.

Übung 5   Verfahre in den folgenden Beispielen ebenso. Unsere verbesserten Vorschläge findest du wieder im Lösungsheft S. 24.

Sie *hat* vollständige, regelmäßige Zähne.

Er *hat* einen ungepflegten, struppigen Bart.

Ihre Kleidung *ist* schäbig und altmodisch.

Seine Ohren *sind* groß und abstehend.

Er *hat* einen stämmigen, kurzen Hals.

Übung 6   Überarbeite deine Personenbeschreibung der Übung 2. Verwende die erarbeiteten Wortsammlungen. Vermeide so oft wie möglich ‚hat‘ und ‚ist‘. (Vergleiche im Lösungsheft S. 24/25.)

Übung 7   Fertige eine Beschreibung der auf S. 63 abgebildeten Person an. Benütze auch hier Wortsammlungen und Merkkasten.
(Vergleiche im Lösungsheft S. 25.)

Weitere Übungsmöglichkeiten

1. Eine zusätzliche Übungsmöglichkeit bieten wir dir mit dem Bild „Fräulein Schelinsky" (S. 64) – ebenfalls von R. Schlichter.

2. Beschreibe deine Mitschüler(innen), Eltern, Freunde.

Rudolf Schlichter, Verkommener Lehrer,
Ausstellungskatalog der Nationalgalerie Berlin 1984

Rudolf Schlichter, Fräulein Schelinsky,
Ausstellungskatalog der Nationalgalerie Berlin 1984

Charakteristik

Im letzten Kapitel haben wir unter anderem die Personenbeschreibung erarbeitet. Dabei solltest du die äußeren Merkmale einer Person genau beschreiben.
In unserem Lehrerbeispiel haben wir versucht, im Schlußteil (Wertung) einige Charaktermerkmale anzuführen. Wir gingen dabei allerdings von Vermutungen aus (z. B. stechender Blick – gefühlskalt).
In der Charakteristik kommen zu den äußeren Merkmalen noch weitere Merkmale dazu.

Charakter bedeutet das „Eingeprägte oder Eingegebene". Es sind damit Eigenheiten gemeint, die Personen voneinander unterscheiden. Es kommt also in der Charakteristik darauf an, die **Eigenheiten** darzustellen, die eine Person „auszeichnen". Solche, für den Einzelnen typische Eigenheiten wie bestimmte Eigenschaften, Interessen oder Fähigkeiten können wir nur dann beschreiben, wenn wir jemanden *sehr gut* kennen. Auch sollten wir ihn in bestimmten Situationen erlebt haben, bei denen er diese Eigenheiten zeigte. Die nun folgenden Beispiele können dir also zeigen, wie *wir* versuchen, die Charaktereigenschaften sprachlich zu verarbeiten und an Beispielen belegen.
Wir gliedern die Charakteristik in zwei Teile:

1. Teil:

Da häufig von den äußeren Merkmalen auf bestimmte Eigenheiten geschlossen wird (werden kann), ist eine verkürzte Personenbeschreibung im 1. Teil der Charakteristik notwendig (s. Kapitel Personenbeschreibung S. 58 ff.).

2. Teil:

Im 2. Teil geht es dann um die Charakterisierung, in der die Eigenheiten genauer beschrieben werden.
Diese Merkmale können Temperament, Gewohnheiten, Interessen, Fähigkeiten und Eigenschaften beinhalten.

Wir haben die Oberbegriffe wie folgt geordnet:
a) Eigenschaften
b) Fähigkeiten – Interessen – Ziele (Beruf, Leben)
c) Temperament
d) Gewohnheiten

Bedenke, daß ein Mensch mehrere Gewohnheiten, Interessen und Eigenschaften haben kann, die z. T. auch gegensätzlich sein können.

Es hat sich als sinnvoll erwiesen, den 2. Teil mit einer Zusammenfassung abzuschließen. Hier werden die hervorstechenden Merkmale noch einmal kurz aufgegriffen und eine abschließende Wertung vorgenommen.

In den nun folgenden Hinweisen greifen wir immer nur einen Aspekt heraus.

Arbeitshinweise:

Da du bei dieser Aufsatzart einen *dir* gut bekannten Menschen charakterisierst, können wir dir hier keinen Musteraufsatz anbieten, an dem wir die Merkmale erarbeiten. Wir können dir nur anhand von Beispielen zeigen, *wie* du im einzelnen vorgehen sollst.

Eigenschaften

Wenn du bestimmte **Eigenschaften** bei deiner Person feststellst, wie z. B. mutig, hilfsbereit oder vorlaut, so wirst du sie sicher auf bestimmte Vorfälle oder Ereignisse beziehen.

Beispiel:
Mut und persönlichen *Einsatz* hat er schon mehrfach bewiesen. So hat er ein Mädchen vor dem Ertrinken gerettet und bei Keilereien dem Unterlegenen geholfen.
Seine *Hilfsbereitschaft* zeigt sich durch seine *ehrenamtliche Tätigkeit* in der Altenfürsorge.

Fähigkeiten – Interessen – Ziele

Fähigkeiten, Interessen und Ziele haben wir zusammengefaßt, weil wir glauben, daß häufig von den Fähigkeiten die Interessen und Ziele abhängen.

Beispiel:
Da sie zeichnerisch begabt ist, interessiert sie sich für die Bildende Kunst und strebt einen künstlerischen Beruf an. Sie kann sich im Moment noch nicht entscheiden zwischen Graphikerin und Bühnenbildnerin.

Temperament

Auch hier sollst du nicht nur sagen, daß jemand aufbrausend oder jähzornig ist, sondern es an einem Beispiel verdeutlichen.

Beispiel:
Verliert sie beim ‚Mensch ärgere dich nicht', so kann sie sich häufig nicht beherrschen und wirft jähzornig Würfel und Spielfiguren durch das Zimmer.

Gewohnheiten

Bei den Gewohnheiten schließlich kann man auf liebenswerte oder lästige „Ticks oder Marotten" eingehen und auch auf die Gestik und Mimik.

Beispiel:
Das Knirschen seiner Zähne oder das ewige Herumspielen am Bart stellt meine Geduld auf manche Probe und zeugt von seiner Nervosität.

Wie du siehst, ist es sinnvoll, daß du bestimmte Merkmale immer mit einem entsprechenden Beispiel verknüpfst.
Versuche aber Nebensätze zu vermeiden, die mit „weil, denn, daß" beginnen. Diese Sätze wirken durch ihren immer gleichen Aufbau auf die Dauer langweilig.

Nicht: Er ist sehr musikalisch, *denn* er kann vom Blatt singen.

Statt dessen: Seine musikalische Begabung zeigte sich beim sicheren und schnellen Singen vom Blatt.

Wortsammlungen

Eigenschaften, Fähigkeiten, Gewohnheiten und **Temperament** sind z. T. mehr oder weniger *ausgeprägt*. Für diese *Abstufungen* möchen wir dir eine Auswahl von passenden Wörtern anbieten, weil wir glauben, daß du sie nicht alle alleine finden dürftest.

Möglichkeiten der Abstufung:
leicht, gering, sehr (wenig), schwach ausgeprägt, selten, fast nie, mittlere, (sehr) stark, äußerst, auffällig, oft, sehr, außergewöhnlich, ausgesprochen, ziemlich, nie

Übung 1

In dieser Übung sollen die begonnenen Wortsammlungen fortgesetzt werden. In den auf den Seiten 68/69 angeführten literarischen Beispielen lassen sich sicher noch weitere Wörter finden.

Schreibe diese Wortsammlung auf ein Blatt Papier. Vergleiche sie mit der Auflistung im Lösungsheft S. 26 und ergänze deine Liste gegebenenfalls.

| **Eigenschaften** | *gute:* | humorvoll, selbstlos, gerecht, friedlich, gesellig, ... |
| | *schlechte:* | egoistisch, unkameradschaftlich, unsensibel, ... |

Fähigkeiten – Interessen

kann kombinieren, kann logisch denken, ...
aufgeweckt, begabt, hochbegabt, vielseitig interessiert, klug,
(hoch)intelligent, ...

Temperament

ruhig, ernst, heiter, zufrieden, gutmütig, nervös, feinnervig, ...

Es folgen die literarischen Beispiele:

Das dichte, lockige rote Haar, das sich in den verschiedensten Schattierungen bei den Cleary-Kindern fand, hatten sie von ihrem Vater, doch gar so grellrot wie bei ihm sah man es bei ihnen nicht. Er war ein kleiner Mann, der ganz aus Stahl und aus stählernen Federn zu bestehen schien. Die krummen Beine zeugten von einem Leben mit Pferden, und die Arme wirkten eigentümlich verlängert, was vom jahrelangen Schafscheren kam. Seine Brust und seine Arme waren golden behaart; bei dunklen Haaren hätte dieses Geflecht wohl häßlich ausgesehen. Die hellblauen Augen schienen stets ein wenig zusammengekniffen zu sein, wie bei einem Seemann, der in endlos weite Fernen späht. Sein Gesicht wirkte sympathisch, und stets lag der Hauch eines eigentümlichen Lächelns auf seinen Zügen, weshalb andere Männer ihn auf den ersten Blick mochten. Seine Nase war eine wahrhaft klassisch-römische Nase, was seine irischen Mitbrüder verwundert haben mußte – allerdings ist an irischen Gestaden so manches Schiff gelandet oder auch gestrandet. Noch immer sprach er in der schnellen, weichen und verwischten Art der Galway-Iren, doch nach fast zwanzig Jahren auf der anderen Seite des Globus klang alles ein wenig gedeckter und auch langsamer als früher – etwa wie bei einer alten Uhr, die mal wieder richtig aufgezogen werden müßte. Er war ein zufriedener Mensch, und mit dem harten und schweren Leben, das er führen mußte, kam er besser zurecht, als das den meisten gelang. Zwar konnte er sehr streng sein, und er schrieb eine „Handschrift", die keiner so leicht vergaß. Dennoch beteten ihn, mit einer Ausnahme, alle seine Kinder an. War nicht genügend Brot für die ganze Familie da, so verzichtete er für seinen Teil darauf.
Und hieß es, entweder ein neues Kleidungsstück für ihn oder aber für einen seiner Sprößlinge, so kam ganz selbstverständlich das Kind an die Reihe. Das war gewiß ein größerer Beweis für seine Liebe, als es eine Million flüchtiger Küsse gewesen wäre. Allerdings brauste er leicht auf, und es konnte geschehen, daß es völlig mit ihm durchging: Er hatte einmal einen Mann getötet. Doch das Glück hatte ihm zur Seite gestanden. Der Mann war ein Engländer gewesen, und im Hafen von Dun Laoghaire lag ein Schiff, das im Begriff stand, nach Neuseeland auszulaufen.

Colleen McCullough, Dornenvögel. Alle deutschen Rechte bei C. Bertelsmann Verlag GmbH, München 1981

Leutnant Kielstein hat noch keine Ahnung von der Nachricht, die ihn an diesem Sonnabend erreichen wird, steht noch nicht unter der Anspannung der nächsten Stunden und bewegt sich folglich ganz ungezwungen. Wer ihn beobachtete, sich ein Bild von ihm zu machen suchte, würde sicherlich feststellen: Der Mann erweckt keinen unsympathischen Eindruck. Groß ist er, 1,78 bis 1,80 Meter vielleicht, hat volles, dunkelblondes Haar und ein – nun ja – nicht gerade markantes Gesicht. Weder treten die Backenknochen hervor, noch ist die Stirn besonders hoch; weder ist die Nase scharf geschnitten, noch sind die Augenbrauen buschig. Die Augen spielen ins Bräunliche, die Ohren stehen ein wenig ab, aber eben nur ein wenig – alles in allem kein Antlitz, das sich dem Betrachter sofort und nachhaltig einprägt. Da fallen schon eher die eckigen, schlenkrigen Bewegungen des Mannes auf. Mitte der Dreißig mag Kielstein sein, aber sein schlaksiger Gang läßt ihn jünger erscheinen. Sieht er aus wie einer, der seit gut zehn Jahren Gesetzesbrechern nachspürt? Hauptmann Bothe, sein unmittelbarer Vorgesetzter, der einen halben Kopf kleiner ist, doch breiter in den Schultern, wuchtiger von der ganzen Gestalt, wird von Leuten, bei denen er ermitteln muß, sofort für voll genommen, Kielstein geschieht öfter einmal das Gegenteil. Selbst wenn er seinen Ausweis gezeigt hat, scheint ihn mancher noch für einen Aushilfspolizisten zu halten, für einen Mann, der besser Tennisspieler, Jazzmusiker, Büroangestellter geworden wäre. „Ein Vorteil für dich", sagt Bothe, und da mag er recht haben. Jedenfalls weiß der Leutnant durchaus den Naiven zu spielen, wenn es darauf ankommt, den Ungeschickten, den, der dreimal fragen muß, um eine einfache Sache zu begreifen.

Klaus Möckel, Drei Flaschen Tokaier, Verlag Das Neue Berlin, Berlin (DDR) 1976

Im folgenden Merkkasten fassen wir die wichtigsten Merkmale der Charakteristik zusammen.

Charakteristik	
I verkürzte Personen-beschreibung	– Alter
	– Größe
	– Geschlecht
	– Haltung – Gang
	– typische/auffallende Gesichts- und Körpermerkmale
II Charakterisierung (jeweils mit Beispielen belegen)	– Eigenschaften
	– Fähigkeiten – Interessen – Ziele (Beruf, Leben)
	– Temperament
	– Gewohnheiten
Zusammenfassung	– wichtige Charaktermerkmale wiederholen
	– Wertung Zeit: Präsens

Übung 2   Fertige eine Charakterisierung an.

Thema: *Mein bester Freund*
         Meine beste Freundin

Aufbau

I. Schreibe eine kurze **Personenbeschreibung.**

II. Charakteristik

Als Hilfe einige Hinweise:

a) Suche aus den Wortsammlungen S. 66/67 die für deine Person
   passenden Merkmale heraus (weitere Merkmale sind selbstverständlich möglich). Ordne sie den vier Hauptgruppen Eigenschaften, Fähigkeiten – Interessen – Ziele, Temperament und Gewohnheiten zu und führe entsprechende Beispiele an.

b) Fertige eine Aufzeichnung der Merkmale an. Versuche, die „wenn/
   weil-Sätze" zu vermeiden. Schreibe anschaulich und gib genaue
   Beobachtungen weiter – vermeide Übertreibungen.

Vergleiche deine Ausarbeitung mit unserem kommentierten Lösungsvorschlag im Lösungsheft S. 26–29.

Mögliche weitere Themen für eine Charakteristik wären:

Ein Angeber (Eine Angeberin)
Ein typischer Lehrer

Kapitel 5

Bericht

Worin liegt der Unterschied zwischen einer Erlebniserzählung und einem Bericht?

Bei der **Erlebniserzählung** haben wir **spannend, anschaulich** (Adjektive, Vergleiche) und von **eigenen Gefühlen** ausgehend geschrieben.
Dabei wollten wir auch **unterhalten.**

Im **Bericht** dagegen kommt es darauf an, **wahrheitsgetreu, sachlich** und **genau über etwas** zu **informieren.**

Die folgende Übung soll dir unsere Fragetechnik, die beim Verfassen eines Berichts wichtig ist, verdeutlichen.

W-Fragen

Übung 1

Wir stellen dir zwei Unfallberichte vor. Im ersten haben wir die wichtigsten Informationen unterstrichen. Die Fragen und die dazugehörenden Erklärungen findest du in der Kommentarspalte.
Verfahre mit dem anderen Bericht ebenso (s. Lösungsheft S. 30).

Am Montag, 20. Februar, gegen 19.45 Uhr, geriet in Aixheim-Neuhausen ein Lastzug auf der B 14 zwischen Neuhausen und der Abzweigung nach Frittlingen auf eisglatter Fahrbahn ins Schleudern. Das Zugfahrzeug kam dabei auf die Gegenfahrbahn und streifte dort einen entgegenkommenden Pkw. Schaden zirka 2500 Mark. Während der Bergungsarbeiten war die B 14 für etwa eineinhalb Stunden gesperrt. Der Verkehr mußte umgeleitet werden.

Kommentar

Wann? (Zeit)
Wo? (Ort)
Wer? (Lkw – Pkw)
Warum? (eisglatte Fahrbahn, schleudern auf Gegenfahrbahn)
Wie? (streifte entgegenkommenden Pkw)
Was? (Schaden, Verkehr umleiten, B 14 gesperrt)

Mit der Frage ‚wer' erfahren wir oft auch, welche Person bzw. Personen beteiligt waren.

Auto prallte gegen Bus

lsw. GÜGLINGEN (Kr. Heilbronn). Ein Personenwagen und ein Omnibus sind in Güglingen frontal zusammengeprallt. Nach Polizeiangaben wurde der 36 Jahre alte Fahrer dabei so schwer verletzt, daß er noch während des Transports ins Krankenhaus starb. Der 37jährige Busfahrer und eine 33jährige Reisende erlitten leichte Verletzungen. Wie die Ermittlungsbehörden mitteilten, hatte der Busfahrer kurz vor dem Zusammenstoß noch vergeblich versucht, dem Auto auszuweichen.

Wie du festgestellt hast, beginnen alle Fragen in der Kommentarspalte mit ‚W'. Wir nennen sie deshalb **W-Fragen.**
Um *genau* informiert zu sein, müssen in einem guten Bericht *alle* W-Fragen beantwortet werden.

Reihenfolge

Es hat sich als sinnvoll herausgestellt, innerhalb der W-Fragen eine bestimmte Reihenfolge einzuhalten. So richtet sich das Interesse zuerst auf die **Person(en)** (Wer?) sowie die **zeitliche** und **örtliche** Beschreibung (Wer? Wann? Wo?)
Abschließend möchte man die **näheren Hintergründe** erfahren, die zu dem Ereignis geführt haben (Warum? Wie? Was?)

Sprache

Im Gegensatz zur Erzählung benützen wir im Bericht eine sachliche Sprache – die **Sachsprache.**

Übung 2   Wir stellen dir in den folgenden Beispielen die Erzähl- und Sachsprache gegenüber. Forme die beiden letzten Sätze selbst in die Sachsprache um. Da wir im **Bericht** von etwas **Geschehenem berichten**, ist die **Zeit** das **Präteritum** (Vergangenheit).

Erzählsprache

Ein 18jähriger blonder Junge fuhr mit seinem neuen Motorrad von Metzingen zu seiner Freundin nach Reutlingen.

Mit lautem Geknatter und wild hupend überholte er leichtsinnig eine behäbig dahinfahrende Limousine.

Im letzten Augenblick bemerkte er einen auf ihn zubrausenden Lkw. Gerade noch rechtzeitig konnte er rechts einscheren, wobei er stark abbremste und die Limousine dabei schnitt.

Der Fahrer der Limousine erschrak sichtlich, bremste abrupt ab und schleuderte mit dem Pkw gegen eine alte Linde.

Sachsprache beim Unfallbericht

Ein 18jähriger Junge fuhr mit seinem Motorrad von Metzingen Richtung Reutlingen.

Er überholte auf riskante Art einen Pkw.

Auch dieses Mal fassen wir die wichtigsten Merkmale des Berichts in einem Merkkasten zusammen:

Bericht

W-Fragen	– Wer? (Unfallbeteiligte: Personen, Fahrzeuge usw.) – Wo? (Ort) – Wann? (Zeit) – Wie? (Hergang) – Was? (Art und Folge) – Warum (Grund) *Hinweis:* Bei den W-Fragen ist auch eine andere Reihenfolge möglich – siehe Zeitungsberichte S. 72
Sprache	– sachlich – kurze Sätze – klar, verständlich – nur das Wichtigste
Zeit	Präteritum

Übung 3   Forme die folgende Erlebniserzählung in einen Bericht um.
Benutze den Merkkasten auf S. 73. Den **genauen** Zeitpunkt mußt du
festlegen:

Mein Freund Peter und ich besuchen gemeinsam die 8. Klasse der Hauptschule
in Tübingen.
Wie immer, so gingen wir auch gestern nach der Schule noch kurz beim Bäcker
in der Schillerstraße vorbei, um uns ein Eis zu kaufen.
Als wir, unser Eis genießend, die Schillerstraße entlanggingen, rief Peter
plötzlich: „Mensch, Rolf, sieh mal, der heiße Sportwagen! Der fährt ja viel zu
schnell, bestimmt schafft er es nicht, an der Stopstelle vorn bei der Kreuzung
zum Stehen zu kommen!"
Und tatsächlich – mit kreischenden Bremsen versuchte der Fahrer, an der
Stopstelle zu halten. Doch er rutschte einige Meter in die Lessingstraße hinein.
Gleichzeitig kam von links auf der Lessingstraße ein Lastwagen angefahren.
Verzweifelt versuchte auch dieser zu bremsen, hupte dabei, schaffte es aber
nicht, dem Sportwagen auszuweichen. Er rammte den Sportwagen mit der
Stoßstange und drückte ihm dabei den linken vorderen Kotflügel ein. Der
Sportwagen wurde noch einige Meter weitergeschoben, bis der Lkw mit blok-
kierten Rädern zum Stehen kam.
Glücklicherweise wurde der Fahrer des Pkw nur leicht verletzt. Er hatte eine
Beule am Kopf. Aber der Wagen sah schlimm aus.
Der Fahrer des Lkw kam mit dem Schrecken davon. Auch die Stoßstange war
nur leicht eingedrückt.
Als die Polizei kam, die der Bäcker gerufen hatte, mußte sich der Fahrer des
Sportwagens einem Alkoholtest unterziehen.
Wir aber beeilten uns, rechtzeitig zum Essen nach Hause zu kommen.

(Vergleiche mit unserem Lösungsvorschlag im Lösungsheft S. 30.)

Übung 4   Schaue dir die folgende Skizze genau an.

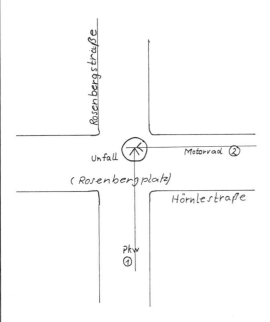

Fertige anhand der Skizze einen Unfallbericht.

Folgende Angaben sind dazu noch
wichtig:
– Du sitzt als Beifahrer im Pkw. ①
– Der Motorradfahrer fährt sehr
  schnell. ②
– Die Schwere des Unfalls, Umstände und
  Folgen entscheidest du selbst (z. B. Zeit,
  Witterung, Verkehr, Schaden (Personen,
  Sachen).
– Kontrolliere, ob alle W-Fragen abge-
  deckt sind.

(Vergleiche im Lösungsheft S. 31.)

Übung 5   Betrachte auch die folgende Skizze genau.
Jetzt sollst du als Zeuge (x) den Unfallhergang berichten.

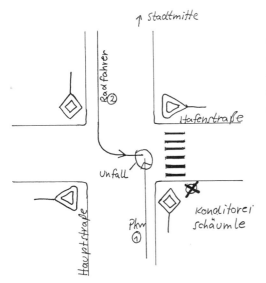

Beachte:

– Zeit
– deinen Standort
– Vorfahrtsregelung
– Fahrtrichtung der Verkehrsteilnehmer
– Umstände, Folgen.

(Vergleiche im Lösungsheft S. 31.)

Aldingen, den 31.5.87

Liebe Sandra,

große Ereignisse werfen ihre Schatten voraus!
Bei uns findet am 13. Juni ein Schulfest statt.
Wir stecken bis über beide Ohren in den Vorbe-
reitungen. Es artet wirklich bald in absolutem Streß
aus: Klassenarbeiten, Proben, Hausaufgaben ...!
Und zu allem Überfluß noch gereizte Pauker, die
im Moment allerdings mit etwas Verständnis von
von uns rechnen können. Aber gerade dieses Schulfest ist es, das mich zu diesem Brief „treibt".
Unsere Klasse führt einen Tanz auf. Ich höre
Dich schon lachen! Ja, auch ich mache mit und
zeige meine ganze „Grazie". Nur - als zusätzliches
Hilfsmittel fehlt mir noch ein roter Rock. Wir haben
beschlossen, rote Röcke zu tragen. Du hast doch bei
der Aufführung Deiner Jazztanzgruppe einen sol-
chen getragen. War es Dein eigener, oder gehört er
dem Verein?
Könntest du mir diesen Rock besorgen und schicken?
Ich wäre Dir aber sehr dankbar, wenn Du mir
bald schreiben könntest, ob ich mich darauf verlassen
kann. Wenn nicht, muß ich nämlich schnellstens
einen anderen organisieren.
Sag mal, habt Ihr nicht auch schon so ein Schulfest auf die Beine gestellt? Ich wäre Dir noch für
einen Tip dankbar: für den bunten Abend suchen
wir noch einen Sketch!

Familiäre Neuigkeiten gibt es seit unserem letzten
Briefwechsel nicht. Und bei Euch?
Was ist mit Timos Lehrstelle? Hat alles geklappt?
Leider muß ich hier abbrechen, denn meine
Freundin Gabi steht bereit, um den Brief gleich ein-
zuwerfen. Wie ich schon sagte, der absolute
Streß ...!

Sei ganz lieb gegrüßt
von Deiner

Daniela

Kommentar

① Ort und Datum oben rechts

② Anrede mit Komma

③ Text beginnt nach kurzem Abstand unter der Anrede

④ Anredefürwörter groß schreiben

⑤ Brief gliedern (Abschnitte)

⑥ Schlußformel

Brief

6.1 Persönlicher Brief

Sicher hast du schon Briefe schreiben „dürfen" bzw. „müssen", z.B. Dankesbriefe für Geschenke, Einladungen und Glückwünsche.
Mit diesen Briefen, die aus einem persönlichen Anlaß geschrieben werden, wollen wir uns zuerst befassen.

Da wir davon ausgehen, daß dir die Form des persönlichen Briefes bekannt ist, wollen wir dir an einem Beispiel die wichtigsten Merkmale in Erinnerung bringen.

Übung 1

a) Suche weitere **Fürwörter,** die *groß* geschrieben werden. Achte auf Einzahl, Mehrzahl, weiblich und männlich.

Unterscheide nach:
persönlichen Fürwörtern (Personalpronomen):
Du, ...

besitzanzeigenden Fürwörtern (Possessivpronomen):
Euer, ...

b) Schreibe **Fürwörter** auf, die *nicht groß* geschrieben werden:
ich, mein, ...

c) Suche mögliche **Anredeformen.** Sie hängen davon ab, in welcher Beziehung du zu dem Empfänger stehst.

Hallo Peter,
Liebe Tante Lilo,
...
...
...

d) Suche passende **Grußformeln,** die den Brief abschließen. Sie hängen ebenfalls von deiner Beziehung zu dem Empfänger ab.

Mit freundlichen Grüßen
Ihre
Dorothe Müller

Es grüßt und umarmt Dich
Dein Frank

...

...

...

(s. auch im Lösungsheft S. 32.)

Alle wichtigen Merkmale des persönlichen Briefs sind in dem folgenden Merkkasten zusammengefaßt:

Persönlicher Brief

– Ort und Datum oben rechts
– Anrede mit Komma
  (nicht in die Mitte setzen, sondern links – Abstand halten)
– nach kurzem Abstand unter der Anrede mit dem Text beginnen, auf den Rand an der linken Seite achten
– auch rechts auf den Rand achten
– Text gliedern
  (nach jedem Gedanken ein neuer Abschnitt)
– Anredefürwörter groß schreiben
– Schlußformel: Grüße
– mit Ausnahme des Orts und des Datums beginnst du immer am linken Rand
– benutze ein unliniertes Blatt, lege ein Linienblatt darunter
  (wenn auf dem Linienblatt kein linker Rand vorhanden ist, ziehe diesen mit Bleistift und Lineal leicht vor – radiere ihn später sorgfältig aus)
– schreibe gut lesbar

Übung 2   Beantworte unseren Brief von S. 76. Gehe auf Fragen und die persönlichen Umstände ein. Arbeite mit dem Ergebnis der Übung 1 (S. 77) und dem Merkkasten (S. 78).
(Siehe im Lösungsheft S. 32.)

Hinweis:

Achte darauf, daß sich dein Schreibstil und die Wortwahl nach Empfänger, Anlaß und Zweck richten. So wirst du Geschwistern oder Freunden „lockerer" schreiben als z. B. deinen Großeltern.

Weitere Übungsmöglichkeiten

1. Bedanke dich bei deinem Patenonkel (Patentante) für das Geburtstagsgeschenk (Rennrad, Gutschein für eine Hose) und beziehe dich darauf.
2. Du bist umgezogen und schreibst deiner besten Freundin (Freund) von deinen ersten Erfahrungen in der neuen Umgebung.

6.2 Geschäftsbrief

In den nun folgenden Geschäftsbriefen wollen wir den Schriftverkehr mit Firmen und Behörden üben.

Im Gegensatz zu den persönlichen Briefen, bei denen du zumeist den Empfänger kennst, wendest du dich in den Geschäftsbriefen in der Regel an dir unbekannte Menschen.
Auch formal treten hier Unterschiede auf. Diese wollen wir dir am folgenden Brief zeigen.

Petra Schulze
Dornenweg 5   ①
7000 Stuttgart 1

Firma
Konrad Müller GmbH
Ulmenweg 20
Postfach 312   ②
8000 München 24

                    ③ Stuttgart, den 3. Oktober 1987

Reklamation einer Kaffeemaschine ④

Sehr geehrte Damen und Herren, ⑤

die von Ihnen am 27. September gelieferte Kaffeemaschine - Café fix 2000
- ist undicht.
Ich schicke Ihnen die Maschine zu und bitte Sie, den Schaden zu beheben. ⑥
(Kopie des Garantiescheins liegt bei.)

Mit freundlichen Grüßen ⑦

Petra Schulze

Anlage
Kopie Garantieschein ⑧

Kommentar

① **deine Anschrift**

② **Anschrift des Empfängers**
(wenn Postfach bekannt, dieses angeben)

kennst du den Empfänger namentlich – z. B. auf Grund eines Briefwechsels – so gibst du ihn hier an:

Firma
Konrad Müller GmbH
z. Hd. Herrn Kunze (z. Hd. ist die Abkürzung für: zu Händen)
...
...

③ **Ort – Datum**
(mit dem Datum beginnt der Brief)

④ **Anlaß des Briefes**
(auch folgende Formen sind möglich):

Betr.: Reklamation ... (Betr. ist die Abkürzung für „Betreff" – auch „Betrifft")

Wenn ein Schriftverkehr bzw. ein Telefongespräch vorausging, kann man sich zusätzlich darauf beziehen.

Bezug: Ihr Schreiben vom ...
bzw.
          Ihr Telefonanruf vom ...

⑤ **Anrede**
ist die Person nicht bekannt, ist dies die allgemeine Form
wenn Person bekannt: Sehr geehrter Herr Kunze,
                                Sehr geehrte Frau Professor Müller,

⑥ **Text**
(sachlich, genaue Angaben – z. B. Fabrikat-Nr., Daten, ausführliches Eingehen auf den Anlaß des Briefes)

⑦ **Schlußformel**
(weiter möglich: Hochachtungsvoll
                        Mit freundlichem Gruß)

⑧ **Anlage**
(nur dann, wenn Unterlagen beigelegt werden)

Auch für den Geschäftsbrief haben wir die wichtigsten Merkmale in einem Merkkasten zusammengefaßt:

Geschäftsbrief

– Format: DIN A 4, unliniert, gutes Papier
– Anschrift des Absenders
  oben links
– Anschrift des Empfängers
  darunter – Abstand halten
– Ort – Datum rechts
– Anlaß des Briefes (möglich: Betr.: … Bezug: …)
– Anrede mit Komma
– Text
  (sachlich, genau)
– Schlußformel
– Anlagen – wenn notwendig
auch hier gilt: immer links beginnen – außer Ort und Datum

Übung 1　　Benutze zur folgenden Übung den Merkkasten für den Geschäfts-
　　　　　　　brief. Schreibe eine Bestellung (mit Betr.).

　　　　　　　Die dafür notwendigen Angaben: Firma
　　　　　　　　　　　　　　　　　　　　　Rolf Baum
　　　　　　　　　　　　　　　　　　　　　Hintere Bergstr. 23
　　　　　　　　　　　　　　　　　　　　　5000 Köln 1

　　　　　　　　　　　　　　　　　　　　　Du bestellst:
　　　　　　　　　　　　　　　　　　　　　ein Ersatzteil für Mofa „Herakles XB
　　　　　　　　　　　　　　　　　　　　　12", Baujahr 1983, Kettenschutz

　　　　　　　(Siehe Lösungsheft S. 33.)

Übung 2　　Beantworte folgenden Brief.
　　　　　　　Dabei wirst du feststellen, daß die Briefköpfe von Firmen oder Behör-
　　　　　　　den nicht genau mit unserer Anordnung übereinstimmen.
　　　　　　　Sie enthalten zur Arbeitserleichterung zusätzliche Angaben (z. B.
　　　　　　　Bankverbindungen, Telefonnummern, Sprechzeiten usw.) und sind oft
　　　　　　　von Graphikern gestaltet (Firmennamen, Wappen usw.).
　　　　　　　(Siehe Lösungsheft S. 34.)

GEMEINDE ALDINGEN - FUNDAMT -

Fräulein
Petra Schmitz
Lindenweg 4

6200 Wiesbaden

Sprechzeiten: Montag – Freitag 8.00 – 12.00 Uhr
Mittwoch 14.00 – 17.30 Uhr

Diesen Brief schreibt Ihnen: Frau Mantey

7209 ALDINGEN, den 03.Sept. 1987
TELEFON 0 74 24 / 80 13 / 882-16

Verlustanzeige eines Regenschirms
Ihr Schreiben vom 01.09.1987

Sehr geehrtes Fräulein Schmitz,

Ihren Brief vom 01.09.1987, in dem Sie uns den Verlust eines
Regenschirms meldeten, haben wir erhalten.

Da im Laufe des Jahres eine ganze Reihe von schwarzen Regen-
schirmen bei uns abgegeben wurden, bitten wir Sie um eine
genaue Beschreibung des Schirmes. Hilfreich wäre ebenfalls,
wenn wir erfahren könnten, wo und wann Sie ihn verloren
haben.

Mit freundlichen Grüßen
Im Auftrag

- Mantey

Übung 3   Bei dem Großversandhaus Mayer, 4000 Düsseldorf, Postfach 37, Rheinstr. 93, hast du eine Kompaktanlage bestellt (CV 190-2). Beim Ausprobieren hast du festgestellt, daß die Rücklauftaste des Kassettenrekorders sperrt. Da du sie vor 2 Tagen erhalten hast, gilt die Garantiezeit. Schreibe einen Brief, dem du eine Kopie des Garantiescheines beifügst.
(Siehe Lösungsheft S. 35.)

Übung 4   Suche in den folgenden Geschäftsbriefen (Teile) die Fehler und verbessere sie.
(Siehe Lösungsheft S. 36.)

a)
```
Firma Hans Brunner              Stuttgart, den 17.11.87
6000 Frankfurt
Bismarckstr. 15



Magda Rotter
7000 Stuttgart 1
Jahnstr. 11


Lieber Herr Geschäftsinhaber,

.................
.................
```

b)
```
Firma Reichert
Fliederstr. 199
Postfach 23
2800 Bremen 1



Sehr geehrte Damen und Herren.

Das Schreiben vom 17.9.87 habe ich erhalten.
.................
.................

Herzliche Grüße
Ihre
Inge Loschhorn
```

Kapitel 7

Erörterung

Als letzte Aufsatzform wollen wir mit dir die Erörterung erarbeiten und üben.
‚Erörtern' wird im Wörterbuch wie folgt erklärt: erwähnen, bereden.
Wenn du einen Klassenkameraden oder deine Eltern davon überzeugen willst, daß eine Klassenfahrt unbedingt notwendig ist, wirst du versuchen, so viele Argumente wie möglich *dafür* anzuführen.
Häufig beginnt man mit einem Argument und fügt weitere hinzu, um die Gesprächspartner zu überzeugen.

In der Erörterung als **Aufsatzform** wird nun von dir verlangt, daß du den Leser mit deinen Argumenten überzeugst. Es ist also nötig, viele Argumente und Beispiele zu finden.
Im Gegensatz zum Gespräch, bei dem Rede und Gegenrede recht willkürlich ablaufen kann, muß man beim Aufsatz eine bestimmte Reihenfolge und Form der Ausarbeitung einhalten.

Wenn man eine **bestimmte Meinung begründet** und **mit Beispielen verdeutlicht**, so nennt man diese Aufsatzart eine **einlinige Erörterung.**
Bei der einlinigen Erörterung führt man also nur Vor- *oder* Nachteile an.
Im folgenden beschäftigen wir uns mit dieser Aufsatzform.

(Eine weitere Art der Erörterung, die sich mit den Vor- *und* Nachteilen befaßt, behandeln wir ab Seite 96.)

7.1 Die einlinige Erörterung

Als Beispiel für die einlinige Erörterung möchten wir mit dir folgendes Thema erarbeiten:

Die Arbeitslosigkeit und ihre Folgen

Wir glauben, daß du durch Presse, Funk, Fernsehen und möglicherweise durch eigene Erfahrung in der Verwandtschaft mit diesem Thema in Berührung gekommen bist. In einzelnen Arbeitsschritten wollen wir dieses Thema bearbeiten.

Die Erörterung hat, wie fast alle Aufsatzarten, die Dreiteilung Einleitung, Hauptteil und Schluß.
Die folgenden Übungen beschäftigen sich mit dem Hauptteil.

Folgende Arbeitsschritte sind wichtig:

1. Abgrenzen des Themas

Bei dieser Aufsatzart ist es *besonders wichtig*, daß du dir darüber im klaren bist, *worüber* du schreiben sollst. Damit vermeidest du ein mögliches Verfehlen des Themas. Überlege dir genau, welche Fragestellung aufgeworfen wird. Dabei mußt du ebenso darauf achten, was *nicht* zum Thema gehört.

a) Wichtige Begriffe erkennen (gegebenenfalls klären).
   Für unser Thema gilt:
   Arbeitslosigkeit – Folgen

b) Aufgabenstellung abgrenzen und als Frage formulieren.
   Hier sollen also die **Folgen** der Arbeitslosigkeit beschrieben werden, *nicht aber* z. B. die *Gründe* für die Arbeitslosigkeit oder *Lösungsvorschläge*.
   Welche Folgen hat die Arbeitslosigkeit?
   (Die Beantwortung dieser Frage ist das Thema deiner Arbeit.)

2. Stoffsammlung

Nachdem du dein Thema abgegrenzt hast, sollst du nun verschiedene Folgeerscheinungen der Arbeitslosigkeit sammeln.

Übung 1

Schreibe auf ein Blatt, was dir zu diesem Thema einfällt.
Denke dabei z. B. an Geld, Familie, Freunde, Auswirkungen für den Einzelnen.
Vergleiche deine Stichwörter mit unserer ungeordneten Stoffsammlung und ergänze – wenn nötig – deine Auflistung.

Einige Stichwörter wollen wir dir jetzt schon vorgeben, damit du siehst, wie sie etwa lauten könnten:
– Arbeitslose werden als arbeitsscheu und faul angesehen.
– Arbeitslose bekommen nur wenig Arbeitslosengeld.
– ...

(S. im Lösungsheft S. 37.)

3. Gliederung der Stoffsammlung

a) Zusammengehörende Stichwörter werden einem Oberbegriff zugeordnet.

Beim Sammeln bzw. Aufschreiben deiner Stichwörter ist dir sicher aufgefallen, daß einzelne Punkte zusammengehören. Z. B. nur wenig Arbeitslosengeld, Hausverkauf, Wohnungswechsel, billiger essen usw. Für solche zusammengehörenden Stichwörter müssen wir nun passende Oberbegriffe finden.

Um bei unserem Beispiel zu bleiben:

nur wenig Arbeitslosengeld
Hausverkauf   } finanzielle Einbußen
billiger essen

Übung 2   Ordne die Stichwörter der Stoffsammlung den von uns gegebenen
              Oberbegriffen zu:

              – finanzielle Einbußen: ...

              – Zweifel am Sinn des Lebens: ...

              – Verlust an gesellschaftlichem Ansehen: ...

              – Dauerarbeitslosigkeit: ...

              – Auswirkungen auf die Gesellschaft: ...

              (Vergleiche im Lösungsheft S. 38.)

b) Ordnen der Oberbegriffe

Wenn du jemanden überzeugen willst, wirst du dir Gedanken machen, welche Argumente/Oberbegriffe du an den Anfang stellst. Du wirst also die Oberbegriffe in eine bestimmte Reihenfolge bringen, die *du* für *sinnvoll* hältst.
Wir stellen die schlagkräftigsten Argumente an das Ende, weil wir glauben, daß so der Leser besser überzeugt werden kann. Eine Steigerung der Argumente haftet am nachhaltigsten, da man sich an das zuletzt Gelesene am besten erinnert.

Übung 3   Numeriere die Oberbegriffe von 1–5 im Lösungsheft Seite 38 –
              Übung 2. Damit legst *du* die Reihenfolge fest, in der *du* sie bearbeiten
              wirst.
              (*Unser* Lösungsvorschlag im Lösungsheft S. 38/39 soll für dich daher
              nicht verbindlich sein.)

c) Feingliederung der Stichwörter

Auch die Stichwörter innerhalb eines Oberbegriffs müssen nun in einen für dich sinnvollen Zusammenhang gebracht werden. Hier wird ebenso *deine* Einschätzung entscheidend sein.

Bei den finanziellen Einbußen ist es für den einen wichtig, daß er auf gutes Essen verzichten muß, während der andere den Verzicht auf Auto oder Kleidung in den Vordergrund stellt. Finde in der Erörterung Beispiele, mit denen du deine Ansicht begründest und verdeutlichst.

Feingliederung

Aussage (Oberbegriff)
Begründung
Beispiel

Übung 4

Bringe deine Stichwörter innerhalb eines Oberbegriffs in eine für dich sinnvolle Reihenfolge.

Damit du nicht noch einmal alles umschreiben mußt, benütze im Lösungsheft die Liste der Übung 2 (S. 38) – ebenfalls rechter Teil.

Beispiel:

Auswirkungen	② – geringerer Umsatz
auf die	③ – steigende Kriminalität durch Alkoholismus
Gesellschaft	① – Arbeitslosigkeit kostet den Staat Geld

(Wir haben die Stichwörter im Lösungsheft S. 38 ohne Zahlen geordnet, damit es für dich übersichtlicher bleibt.)

!   Nun fassen wir die bisher gefundenen wichtigen Merkmale der einlinigen Erörterung zusammen:

Abgrenzen des Themas

a) wichtige Begriffe erkennen, gegebenenfalls klären
b) Aufgabenstellung eingrenzen und als Frage formulieren

Stoffsammlung

– das Aufschreiben aller Stichwörter, die dir zu deinem Thema einfallen

Gliederung

a) **Grobgliederung nach Oberbegriffen**
 Für zusammengehörige Stichwörter müssen passende Oberbegriffe gefunden werden.
b) **Ordnen der Oberbegriffe**
 Oberbegriffe in eine sinnvolle Reihenfolge bringen.
c) **Feingliederung der Stichwörter**
 Innerhalb eines Oberbegriffes sollen die einzelnen Stichwörter ebenfalls in eine sinnvolle Reihenfolge gebracht werden.
 – Aussage (Oberbegriff)
 – Begründung
 – Beispiel

4. Einleitung

Wie schon erwähnt, beginnen wir auch bei der Erörterung mit einer Einleitung. Sie soll **zum Thema hinführen.**
Es gibt verschiedene Möglichkeiten, eine Einleitung zu formulieren. (Wir wollen dir einige davon an unserem Thema zeigen.)

– **Persönliche Erfahrung**
   (Für unser Beispiel: Arbeitslose in der Familie bzw. im Bekannten- oder Freundeskreis)
– **Aktueller Bezug** (Zeitung, Radio, Fernsehen)
   (Für unser Beispiel: über 2 Millionen Arbeitslose in der BRD – 15 Millionen in der EG)
– **Geschichtlicher Bezug**
   (Für unser Beispiel: Arbeitslose im letzten Jahrhundert und in den 20er Jahren)
– **Gesellschaftlicher Gesichtspunkt**
   (Für unser Beispiel: arbeitende Bevölkerung – hoher Lebensstandard, dem gegenüber stehen 2 Millionen Arbeitslose)
– **Öffentliche Meinung**
   (Für unser Beispiel: Arbeitslose faulenzen und bekommen dafür noch Geld)

Unsere Liste ist sicher nicht vollständig. Solltest du einen eigenen Ansatzpunkt finden oder zwei der obigen Vorschläge miteinander verknüpfen, so ist das auch möglich.

[!] Bei schwierigeren Themen ist noch eine Begriffsklärung möglich.

   – persönliche Erfahrung   – gesellschaftlicher Gesichtspunkt
   – aktueller Bezug   – öffentliche Meinung
   – geschichtlicher Bezug   – falls nötig, Begriffe klären

Einleitung und Hauptteil werden mit einem überleitenden Satz verbunden. Er führt zum Kern des Themas. (Bei unserem Beispiel: Hinweis auf die Folgen.)

Beispiel:

Schon seit Jahren haben wir in der BRD eine hohe Arbeitslosigkeit (über 2 Millionen Menschen). Trotz vieler Anstrengungen ist es nicht gelungen, diese Anzahl wesentlich zu verringern. Es muß leider damit gerechnet werden, daß die Zahlen durch die geburtenstarken Jahrgänge und die technische Entwicklung noch mehr steigen. — *aktueller Bezug*

Da es sich um keine vorübergehende Erscheinung handelt, ist es nötig, sich über die Folgen dieser Arbeitslosigkeit Gedanken zu machen. — *überleitender Satz*

Übung 5   Finde bei den nächsten beiden Beispielen, welcher Bezug oder Gesichtspunkt angesprochen wird. (Vergleiche im Lösungsheft S. 39.)

Beispiel 1:   Bei den letzten Weihnachtseinkäufen wurde festgestellt, daß
in der BRD noch nie so viel, z. T. sehr teure Gegenstände
gekauft wurden. Der arbeitenden Bevölkerung sei es, so sagt
man, noch nie so gut gegangen wie jetzt. Dabei wird leicht
vergessen, daß wir 2 Millionen Arbeitslose haben, für die die
obige Feststellung nicht gilt.
Deshalb erscheint es mir wichtig, sich über die Auswirkungen
dieser Arbeitslosigkeit Gedanken zu machen.

Beispiel 2:   Wenn man die Geschichte der letzten hundert Jahre zurück-
verfolgt, so stellt man fest, daß es im letzten Jahrhundert und
in den 20er Jahren auch eine hohe Arbeitslosigkeit gab. Deren
Auswirkungen waren damals z. T. verheerend, da die gesetzli-
chen Regelungen mangelhaft waren.
Trotz der bestehenden besseren Regelungen sollte man sich
über die Auswirkungen der gegenwärtigen Arbeitslosigkeit
Gedanken machen.

5. Ausarbeitung des Hauptteils im Konzept

In deiner Gliederung hast du dich für eine bestimmte Reihenfolge entschieden. Es gilt nun, diese Stichwörter und Beispiele in Sätze umzusetzen und miteinander zu verbinden.

Beachte bei der Verfassung deines Konzepts, daß deine Sprache sachlich ist. Informationen und Angaben, die du dem Leser vermitteln willst, müssen stimmen (keine Vermutungen). Zur Verknüpfung der einzelnen Sätze mußt du passende Verbindungswörter wählen.

Ausarbeitung des Konzepts

> – deine Sprache muß sachlich sein
> – Informationen und Angaben müssen stimmen (keine Vermutungen)
> – verwende passende Verbindungswörter

Das Ausformulieren der Stichwörter zu Sätzen wird dir weit weniger Schwierigkeiten bereiten als die Verbindungen.
Folgende Wörter sollen dir bei der Verbindung der Sätze behilflich sein:

begründend und folgernd:	daher, deshalb, weil, es folgt daraus, dies bewirkt, hat zur Folge, so
wertend:	abschließend kann gesagt werden, grundsätzlich gilt – grundsätzlich läßt sich sagen, ebenso gilt, daran kann man sehen – erkennen
zeitlich:	schon früher, schon seit langem, vor einigen Jahren, in nächster Zukunft, zukünftig, demnächst, schon bald, kürzlich, neulich
weitere Verbindungsmöglichkeiten:	statt dessen, überdies, außerdem, zudem, zusätzlich, vergleicht man, jedoch, dennoch, zudem, schließlich, endlich, nicht nur – sondern auch, auch, sogar, vor allem, als nächstes, folgende

Korrekturhilfen

Als Hilfe für deine Ausarbeitung zeigen wir dir einen überarbeiteten Entwurf eines Oberbegriffes (Verlust an gesellschaftlichem Ansehen). Dir wird wohl selten auf Anhieb eine sprachlich einwandfreie Ausarbeitung gelingen. Damit du Platz für Korrekturen hast, lasse immer eine Zeile bei deinem Konzept frei.

Arbeitslosigkeit hat ~~immer~~ oft den Verlust des
gesellschaftlichen Ansehens ~~hinter sich~~ zur Folge. So ist
vor allem für Leute, die ~~etwas höheres sind~~ eine höhere Position eingenommen
haben, der Verlust des Arbeitsplatzes ein
gesellschaftlicher Abstieg. ~~Man~~ So verliert ~~er~~
nicht nur in der Firma ~~sein~~ Ansehen
(z.B. Abteilungsleiter), sondern auch in
~~der~~ einer privaten Umgebung. Auch viele,
~~lange~~ über Jahre gewachsenen Verbindungen in der Firma
können zerstört werden. Es verwundert
daher nicht, daß viele ihre Arbeitslosigkeit so lange wie möglich geheim-
halten wollen, z.T. ~~selbst~~ sogar vor der Familie,

!   – Stichwörter in Sätze umsetzen
      – Beispiele anführen
      – Sätze verbinden (nicht unverbunden aneinanderreihen)

Übung 6

Bearbeite den Oberbegriff „Finanzielle Einbußen".
Setze deine Stichwörter in Sätze um, verbinde diese und verdeutliche sie mit
Beispielen. Überarbeite die Sätze wie in unserem Beispiel (Korrekturhilfen.
Unseren Vorschlag findest du im Lösungsheft S. 39).

6. Formulierung des Schlußteils

Der Schlußteil rundet deine Arbeit ab. Ähnlich wie bei der Einleitung gilt auch hier, daß verschiedene Lösungen möglich sind. (Diese Lösungsmöglichkeiten zeigen wir dir ebenfalls an unserem Thema.)

- **Zusammenfassung**
  (weitreichende Folgen in vielen Lebensbereichen)
- **Folgerung und Ausblick**
  (der Arbeitslosigkeit noch mehr entgegenwirken)

[!] Für manche Themen bietet sich im Schlußteil eine **Wertung** (was *du* davon hältst) oder ein **Lösungsvorschlag** an.

- Zusammenfassung
- Folgerung und Ausblick

- Wertung
- Lösungsvorschlag (-vorschläge)

Beispiel:

Wie man an diesen Beispielen feststellen kann, hat die Arbeitslosigkeit, vom Finanziellen einmal abgesehen, noch viele andere negative Folgen. Um Leid, Verunsicherung und soziale Abgrenzung der Arbeitslosen zu verhindern, müßte die Gesellschaft noch weit mehr Anstrengungen unternehmen als bisher.

Folgerung und Ausblick

Übung 7   Formuliere einen Schluß, der die Folgen der Arbeitslosigkeit zusammenfaßt. Du wirst hier noch einmal *deine* wichtigsten Argumente aufgreifen. (Siehe im Lösungsheft S. 39.)

7. Anfertigen der Reinschrift

Wie bereits erwähnt, ist das Erstellen des Konzepts ein wichtiger Arbeitsschritt. Bevor du die Reinschrift anfertigst, solltest du dein Konzept genau überarbeiten.

[!] Für das Anfertigen der Reinschrift einige Hinweise:
- auf den Rand achten
- Einleitung, Hauptteil und Schluß absetzen
- bei neuem Gedankengang (Oberbegriff) neue Zeile beginnen
- vergleiche deine Arbeit immer mit deiner Gliederung (kein Beispiel vergessen, evtl. abhaken)

Der folgende Merkkasten faßt noch einmal alle Merkmale der einlinigen Erörterung zusammen.

Einlinige Erörterung

Abgrenzen des Themas	– wichtige Begriffe erkennen, gegebenenfalls klären – Aufgabenstellung abgrenzen und als Frage formulieren
Stoffsammlung	– Aufschreiben aller Stichwörter, die dir zu deinem Thema einfallen
Gliederung	a) Grobgliederung nach Oberbegriffen. Für zusammengehörende Stichwörter müssen passende Oberbegriffe gefunden werden. b) Ordnen der Oberbegriffe Oberbegriffe in eine sinnvolle Reihenfolge bringen. c) Feingliederung der Stichwörter Innerhalb eines Oberbegriffes die einzelnen Stichwörter ebenfalls in eine sinnvolle Reihenfolge bringen. Aussage (Oberbegriff) Begründung Beispiel
Erarbeitung des Konzepts	– deine Sprache muß sachlich sein – Informationen und Angaben müssen stimmen (keine Vermutungen) – verwende passende Verbindungswörter
Zeitform	– Präsens

Einleitung	– persönliche Erfahrung – aktueller Bezug – geschichtlicher Bezug – gesellschaftlicher Gesichtspunkt – öffentliche Meinung Wähle einen der obigen Punkte oder kombiniere mehrere (möglicherweise findest du einen neuen). – falls nötig, Begriffe klären – überleitender Satz zum Hauptteil
Hauptteil	– Stichwörter in Sätze umsetzen (Beispiele anführen) – Sätze verbinden (nicht unverbunden aneinanderreihen)
Schluß	Wähle einen der folgenden Punkte: – Zusammenfassung – Folgerung und Ausblick – eigene Meinung – Lösungsvorschlag (-vorschläge)
Beachte bei der Reinschrift	– bei neuem Gedankengang (Oberbegriff) und Argument neue Zeile beginnen – vergleiche deine Arbeit immer mit deiner Gliederung (kein Beispiel vergessen – evtl. abhaken)

Übung 8   Fertige eine einlinige Erörterung über das Thema

Die Arbeitslosigkeit und ihre Folgen

an. Verwende Einleitung und Schluß nach deiner Wahl. Benutze den Merkkasten auf Seite 94.

Im Lösungsheft findest du unsere Erörterung zu diesem Thema. Wir haben die wesentlichen Merkmale der Erörterung in der Kommentarspalte aufgeführt (Lösungsheft S. 40–42).
Die erste einlinige Erörterung *(Die Arbeitslosigkeit und ihre Folgen)* haben wir gemeinsam erarbeitet. Sehr viele Teile haben wir dir vorgegeben und als Ergebnis einen Merkkasten zusammengestellt. Bei den folgenden Themen, die du selbständig erarbeiten sollst, ist er Grundlage deiner Arbeit. Wir werden dir noch zusätzliche Hilfestellungen geben.

Übung 9   Das nun zu bearbeitende Thema heißt:

Die Erhaltung des Waldes ist heute besonders wichtig – nenne Gründe

Zur Bearbeitung sind noch einmal die einzelnen Arbeitsschritte aufgeführt:
a) Grenze das Thema ab, formuliere die Frage.
b) Fertige eine ungeordnete Stoffsammlung.
c) Versuche, zu deinen Stichwörtern passende Oberbegriffe zu finden.
d) Unter Umständen findest du jetzt noch weitere Stichwörter für deine Liste. (Unseren Vorschlag findest du im Lösungsheft auf S. 42–44.)
   Verfahre im weiteren wie im Merkkasten (S. 94).
e) Formuliere nun das Konzept.
f) Fertige nach der Überarbeitung deines Konzepts eine Reinschrift.

Wir haben zu diesem Thema keinen von uns ausformulierten Lösungsvorschlag anzubieten, weil wir davon ausgehen, daß deine Grob- und Feingliederung nicht mit unserer übereinstimmt.
So wird für den einen der Erosionsschutz am wichtigsten sein, für den anderen die Luftreinigung.
Im Lösungsheft findest du allerdings einen etwas überarbeiteten Schüleraufsatz zu diesem Thema.

Übung 10   Im dritten und letzten Übungsbeispiel geben wir dir nichts vor. Versuche, an Hand des Merkkastens (S. 94) zu folgendem Thema eine Erörterung abzufassen:

Fußgängerzonen werden immer beliebter – nehme dazu Stellung

Im Lösungsheft findest du eine Grob- und Feingliederung sowie eine recht gelungene Schülerarbeit (S. 45/46).

Weitere Themen zur Übung der einlinigen Erörterung:

– *Die tödlichen Verkehrsunfälle sind wieder gestiegen – nehme dazu Stellung*
– *Umweltschutz – eine der wichtigsten Aufgaben unserer Zeit*
– *Worauf ich bei der Berufswahl achten muß*

7.2 Die kontroverse Erörterung

Während du bei der einlinigen Erörterung nur Vor- *oder* Nachteile aufgeführt hast, mußt du bei der kontroversen Erörterung Vor- *und* Nachteile bearbeiten.

Wenn du in der Schule oder im privaten Bereich mit anderen z. B. über das Thema *„Bringen die Autobahnen mehr Vor- oder mehr Nachteile?"* diskutierst, werden sicher auch gegensätzliche Meinungen geäußert. Diese **Gegensätzlichkeit** erfordert von dir ein anderes Vorgehen bei der Stoffsammlung, bei der Ausarbeitung des Hauptteiles und des Schlusses. Diese Aufsatzart nennt man eine **kontroverse Erörterung.**

Da die kontroverse Erörterung aber auch eine eigene Stellungnahme von dir verlangt, mußt du dir ebenso darüber Gedanken machen, welche Argumente du an den Schluß stellst.

Auf unser Beispiel übertragen heißt das:

Wenn du glaubst, daß die Nachteile der Autobahnen überwiegen, so ist es sinnvoll, zuerst die Vorteile und dann die Nachteile zu bearbeiten (siehe Seite 87, Punkt b).

Wir wollen uns bei den folgenden Arbeitsschritten nur mit den Punkten ausführlicher befassen, die sich gegenüber der einlinigen Erörterung ändern.

Arbeitsschritte

1. Achte bei der **Themenauswahl und -abgrenzung** darauf, daß du jetzt **zwei Fragen** stellen mußt.
   Für unser Beispiel gilt:
   – Welche Vorteile haben die Autobahnen?
   – Welche Nachteile haben die Autobahnen?

2. In der **Stoffsammlung** sollst du deine **Stichwörter** bereits nach **pro** und **contra** **einordnen.**

Übung 1

Schreibe alle Stichwörter, die dir zu diesem Thema einfallen, auf ein Blatt Papier.

Einige Hinweise sollen dir auch hier weiterhelfen:

Vorteile der Autobahnen: denke an schnelle Beförderung, Urlaub, Volkswirtschaft, ...

Nachteile der Autobahnen: denke an Umwelt, Gefahren, ...

Je 3 Beispiele, die wir den Vor- und Nachteilen zugeordnet haben, sollen dir das Lösungsschema verdeutlichen (vergleiche mit unserem Lösungsvorschlag im Lösungsheft S. 46/47 und ergänze, wenn nötig).

Vorteile/pro Argumente

– kostenlose Benutzung
– schneller Warenaustausch
– gute und schnelle Verkehrsverbindungen fördern die Freundschaft mit Leuten anderer Länder
– ...

Nachteile/contra-Argumente

– verleiten zum Rasen
– erhöhte Unfallgefahr (Massenunfälle)
– Geisterfahrer
– ...

3. Es folgt die **Gliederung der Stoffsammlung.**

Bei der Grob- und Feingliederung der Stoffsammlung sollst du wie bei der einlinigen Erörterung vorgehen (ab S. 85). Dies gilt jeweils für die Vor- und die Nachteile. Denke auch daran, die Argumente, die du weniger wichtig findest, im 1. Teil, die für dich überzeugenderen im 2. Teil zu bearbeiten: Wenn du also für den weiteren Ausbau der Autobahnen bist, so wirst du die Vorteile im 2. Teil behandeln. Überwiegen für dich die Nachteile, so wirst du zuerst mit den Vorteilen beginnen.

Übung 2

Versuche nun, die Gliederung der Stoffsammlung nach folgenden Gesichtspunkten vorzunehmen:

a) Entscheide, ob du mit den Vor- oder den Nachteilen beginnst.

b) Finde zu den Argumenten passende Oberbegriffe – ordne sie wieder so, daß die wichtigsten am Ende des pro-Teiles bzw. des contra-Teiles stehen.

c) Auch die einzelnen Argumente müssen nach ihrer Wichtigkeit geordnet werden (die wichtigsten am Schluß).

(Vergleiche mit *unserer* Lösung im Lösungsheft S. 47/48.)

4. Der nächste Schritt ist das **Formulieren des Hauptteils.**

Es gilt auch hier das gleiche Schema wie auf S. 91. Hinzu kommt, daß der Hauptteil bei der kontroversen Erörterung zweiteilig ist, da du die Vor- und die Nachteile behandeln sollst.

Es ist sinnvoll, wenn du den ersten Teil mit einem zusammenfassenden Satz abschließt. Auf ihn kannst du dich im Einleitungssatz des zweiten Teiles beziehen.

5. Beende deine Arbeit mit dem **Schlußteil.**

Bei der kontroversen Erörterung aber ist es notwendig, in einer kurzen Zusammenfassung noch einmal die Vor- und Nachteile einander gegenüberzustellen. Indem du dich für eine der beiden Möglichkeiten entscheidest, fällst du eine Wertung. Eigene Lösungsvorschläge können diese unterstützen.

Wir haben dir im folgenden Merkkasten auf S. 99 noch einmal die wichtigsten Punkte der kontroversen Erörterung zusammengestellt.

Übung 3   Formuliere an Hand des Merkkastens eine kontroverse Erörterung mit Einleitung, Hauptteil und Schluß zu dem Thema

Bringen die Autobahnen deiner Meinung nach mehr Vor- oder mehr Nachteile?

(Eine kommentierte Erörterung findest du im Lösungsheft auf S. 48–52.)

Übung 4   Unser nächstes Thema lautet:

Hausaufgaben – notwendige Ergänzung des Unterrichts oder sinnlose Beschäftigung? Nimm dazu Stellung.

Zu diesem Thema haben wir fünf Leserbriefe (S. 100) zusammengestellt. In ihnen kannst du einige Argumente finden, die für oder gegen Hausaufgaben sprechen. Übernimm die Argumente aber nicht wörtlich. Ordne sie eigenen Oberbegriffen zu. Suche noch weitere Argumente.

a) Vergleiche unsere ungeordnete Gliederung (im Lösungsheft S. 52/53).

b) Beachte unsere Lösungsvorschläge für den Schluß (im Lösungsheft S. 54).

c) Schreibe eine kontroverse Erörterung zu diesem Thema und vergleiche anschließend mit der Schülerarbeit im Lösungsheft S. 54/55.

Kontroverse Erörterung

I Abgrenzen des Themas	– wichtige Begriffe erkennen, gegebenenfalls klären – Aufgabenstellung abgrenzen und als Fragen formulieren
Stoffsammlung	– Das Aufschreiben aller Stichwörter, die dir zu deinem Thema einfallen – Ordne sie gleich den Vor- und den Nachteilen zu
Gliederung	Gliedere alle folgenden Punkte nach der Wichtigkeit (das Wichtigste am Ende): a) Grobgliederung nach Oberbegriffen. Für zusammengehörende Stichwörter müssen passende Oberbegriffe gefunden werden b) Ordnen der Oberbegriffe Oberbegriffe in eine sinnvolle Reihenfolge bringen c) Feingliederung der Stichwörter, innerhalb eines Oberbegriffs die einzelnen Stichwörter ebenfalls in eine sinnvolle Reihenfolge bringen Aussage (Oberbegriff) Begründung Beispiel d) Die Argumente, die weniger wichtig sind, stehen im 1. Teil, die wichtigeren im 2. Teil
II Erarbeitung des Konzepts	– deine Sprache muß sachlich sein – Informationen und Angaben müssen stimmen (keine Vermutungen) – verwende passende Verbindungswörter
Zeitform	– Präsens
Einleitung	– persönliche Erfahrung – aktueller Bezug – geschichtlicher Bezug – gesellschaftlicher Gesichtspunkt – öffentliche Meinung Wähle einen der obigen Punkte oder kombiniere mehrere (möglicherweise findest du einen neuen) – falls nötig, Begriff klären – überleitender Satz zum Hauptteil
Hauptteil	– Stichwörter in Sätze umsetzen (Beispiele anführen) – Sätze verbinden (reine Reihung vermeiden) – Teil 1: weniger wichtige Argumente, zusammenfassender Satz – Teil 2: wichtige Argumente
Schluß	– kurze Zusammenfassung (Gegenüberstellung der wichtigsten Vor- und Nachteile) – Wertung – Lösungsvorschläge
III Beachte bei der Reinschrift	– bei neuem Gedankengang (Oberbegriff) und Argument neue Zeile beginnen – vergleiche deine Arbeit immer mit deiner Gliederung (kein Beispiel vergessen – evtl abhaken)

Die Hausaufgaben schaden mehr als sie nützen, solange die
Mütter als unbezahlte Nachhilfelehrer ihre Nachmittage opfern
müssen. Für Millionen von Müttern sind sie deshalb ein Alp-
traum.
F. Müller, Hausfrau und Mutter

Am schlimmsten finde ich den Leistungsdruck
in der Schule. Er bewirkt, daß die Kinder
so viel lernen müssen, und die Lehrer einen
Teil des zu großen Lernpensums in die Hausaufgaben am Nachmittag verlegen. Mir sind
fröhliche und ausgeglichene Kinder lieber,
die noch gerne in die Schule gehen und vielseitig interessiert sind. Oft sind die Eltern
am Terminstreß selbst schuld, da die Kinder
durch Sport, Musik, Ballett usw. kaum einen
freien Nachmittag mehr haben.

Frau Kunze, Mutter und Hausfrau

Mich stört am meisten, daß jeder Lehrer ein wenig aufgibt – viel wenig
ergibt aber ganz schön viel – schon sitzt man wieder 3 Stunden und der
Nachmittag ist kaputt. Und oft gibt der Lehrer sie in der letzten
Sekunde auf und erklärt sie nicht. Manchmal glaube ich, daß die Lehrer
nur Hausaufgaben geben, daß wir was tun müssen.
Viel Sinn erkenne ich z.B. am Landkartenmalen nicht – kopieren geht
schneller.

Toni Motzig, 17 Jahre, Schüler

Als Grundschullehrer glaube ich,
daß Hausaufgaben nötig und nützlich
sind. Vor allem die Nacharbeit des
Schülers ist notwendig. Eltern helfen
selten, und wenn, häufig überzogen
(Drohungen, Verbote). Die richtige
Menge und der Schwierigkeitsgrad sind
bei einem großen Leistungsgefälle in
der Klasse besonders schwer abzuschätzen.

U. Meyer, Grundschullehrer

Wenn ich höre, daß andere Schüler bis zu 5 Stunden Hausaufgaben
machen, kann ich nur lachen. Ich glaube, die befinden sich auf
der falschen Schule oder haben den Unterricht total verschlafen.
Wenn's wirklich einmal zu viel werden sollte, gibt es immer noch
den Klassensprecher.
Katja Schmidt, Schülerin, 17 Jahre

Übung 5   Das Thema des nächsten Übungsbeispieles, zu dem wir dir noch Hinweise geben wollen, lautet:

Was hältst du von der Sendung „Aktenzeichen XY ungelöst"?

Suche zu diesem Thema Vor- und Nachteile und dazu passende Stichwörter bzw. Beispiele. (Vergleiche im Lösungsheft S. 56.) Benutze ansonsten wieder den Merkkasten S. 99. Fertige eine kontroverse Erörterung an und achte dabei auf den aktuellen Bezug (Einleitung) und deine Wertung (Schluß).

Hinweis: Für diese und die folgende Übung haben wir dir keinen Musteraufsatz angeboten, da wir finden, daß bei diesen Themen die Meinungen zu unterschiedlich sind.

Übung 6   Für eine weitere Übung bieten wir dir folgendes Thema an:

Sollen die Läden an mehreren Tagen in der Woche länger aufhaben?

Zu diesem Thema möchten wir dir einige Anregungen im Lösungsheft geben (erst lesen, wenn du nichts mehr weißt). Formuliere zu diesem Thema eine kontroverse Erörterung.

Weitere Themen zur Übung der kontroversen Erörterung

– *Leistungssport ist erstrebenswert!*
  Bist du auch dieser Meinung?
– *Ein Eigenheim bringt Vor- und Nachteile – nehme dazu Stellung*
– *Wie stellst du dich zu einem fernsehfreien Tag in der Woche?*
– *Wo liegen deiner Meinung nach die Vor- und Nachteile des Taschengeldes?*

„Hurra – geschafft"

Armin E. Maetz
David Phillips

TRAINING
Englisch

Klettbuch 922104

Für einen erfolgreichen Hauptschulabschluß

Training Englisch ist ein Übungsbuch für Schülerinnen und Schüler, die gezielt auf Klassenarbeiten lernen und sich gründlich auf den Hauptschulabschluß vorbereiten möchten. Das Buch kann in der Hauptschule ab Klasse 8 eingesetzt werden. Als Einstieg in jedes der zwölf Kapitel wurden Episoden aus dem Leben englischer Jugendlicher ausgewählt (Einstellungsgespräch, Briefwechsel, Fahrschule, Ferienfahrt etc.) Die anderen Teilbereiche: Grammatik und Übungen zum Wortschatz, die die Benutzer mit einigen berüchtigten Stolpersteinen der englischen Sprache vertraut machen, z. B. mit unregelmäßigen Pluralformen, Homophonen u. a. m. Am Ende eines jeden Kapitels soll ein Text verfaßt werden, in dem die vorausgegangenen Trainingsschritte wiederholt werden.
Die Übungen sind – sofern es die Aufgabenstellung erlaubt – mit Bildgeschichten, Rätseln und Pictogrammen aufgelockert – Elemente, die das Lernen erleichtern.

AUFSCHWUNG MIT TRAINING!

Dietger Feiks/Ella Krauß
Training Rechtschreibung I:
Dehnung und Schärfung
5.–10. Schuljahr
Klettbuch 922055

Training Rechtschreibung II:
Gleich- und ähnlich-
klingende Laute
5.–10. Schuljahr
Klettbuch 922056

Training Rechtschreibung III:
Groß- und Kleinschreibung –
Getrennt- und Zusammen-
schreibung – Fremdwörter
5.–10. Schuljahr
Klettbuch 922065

Der besondere Vorzug dieser Trainingsbücher ist der Aufbau in der Art eines Lernprogramms. Die einzelnen Kapitel lassen sich unabhängig voneinander bearbeiten und sind jeweils nach dem gleichen Grundschema aufgebaut:

1. Eingangs wird durch einen motivierenden Lese- und Schreibanlaß ein bestimmter Rechtschreibfall (ai – ei – ay) vorgestellt.

2. Aufgaben zum richtigen Hören und richtigen Schreiben machen dem Schüler die Regel für diese Rechtschreibschwierigkeit einsichtig.

3. Dann gilt es, diese Rechtschreibregel in wechselnden Aufgabenstellungen (z. B. Buchstabenrätseln, Kreuzworträtseln, Wörterverstecken) zu üben und sich die Schreibweisen einzuprägen.

4. Ein abschließender Testteil gibt Auskunft über den Lernerfolg. Mit dem Lösungsheft kann sich der Schüler selbst kontrollieren.

Klett